貧乏は必ず治る。

Shinichi Sakuragawa

桜川真一

CCCメディアハウス

はじめに

あなたは、もしかして「隠れ貧乏」ではありませんか？

「隠れ貧乏」とは、まさに自覚のない、あるいは気づいてはいるけれど、認めたくない。そんな状態です。

「隠れ貧乏」は考え方や行動の癖からくる生活習慣病です。

隠れていても、いや隠していてもその「隠れ貧乏」は必ず発症します。人によってタイミングは違いますが、結婚したとき、子育てのときにあぶり出されることが多いようです。そして今最も恐れられているのが、会社を辞めたあとにくる「老後破産」。退職後に隠れていた貧乏が一気に出てくるのです。

貧乏は生活習慣病です。食事を変え、生活のリズムを整え、運動をすることで体調が大きく改善するように、貧乏も生活を変えることで必ず治るのです。

この本は、私自身が普通のサラリーマン……というより、会社で相手にされないダメサラリーマンから、貧乏の坂を転がり落ちて家族がつくった3億円の借金を処理し、逆に不動産と株で3億円の資産をつくるにいたる過程でわかってきたことをまとめたものです。

この経験からわかったことは、「貧乏は生活習慣病である」ということです。その生活習慣を改善することで、逆にお金持ちになるチャンスが生まれるのです。

本書では、貧乏な人とお金持ちの比較をしています。この本に登場する貧乏な人とはかつての私であり、私のまわりにいる友人や知人、家族です。時間が戻せるなら、かつての私や周囲の人にアドバイスをしてあげたい。立ち直らせて、お金持ちの道を歩き出してほしい、そういう思いで書きました。そして、私と同じように現状に不満を抱きながら生活している方へ、「隠れ貧乏」を抜け出し、お金持ちになるヒントと具体的なやり方をまとめました。

全部で40の項目で、貧乏な人とお金持ちの比較をまとめています。どこから読んでも構いません。この40項を読んだら、そのあとに続くお金持ちへのステップを読んでください。
なかには、お金持ちになるためのステップだけが必要だという人がいるかもしれません。でも、お金持ちになる上で大切なことは、まずは貧乏にならない方法を知ること。サッカーでいくら点をとっても、守りがスカスカでは試合に勝てないのと同じように、いくら稼いでも無駄なお金を使えば、いつかは貧乏になります。

大切なのは、お金を稼ぐシステムとお金が出ていかないシステムを同時に身につけることです。

●私が貧乏から抜け出したわけ

私は、普通のサラリーマンでした。どちらかといえば〝ダメ〟がつくダメサラリーマン。ダメサラリーマンと言っても、最初からそうだったわけではありません。いろいろな会社や団体の企画を請け負う仕事だったので、入社当初は、仕事も楽しく寝食忘れて働いていたのですが、しだいに上司とうまくいかなくなり、仕事を干されるようになっていきました。

そうなると、だんだん仕事も面白くなくなるし、仕事終わりには愚痴の飲み会が続くしで、負のスパイラルに入り込んでいったのです。いつのまにやら、会社からお荷物扱いされるまでになりました。

仕事が面白くなくなると、金遣いも荒れ、貯金もまったくなし。それどころか、クレジットカードでの借金とボーナスで1年を食いつなぐといった有様でした。

そんな状態に、とどめを刺したのが兄の会社の倒産にともなう保証人問題。今でこそ事業の保証に関係のない人を巻き込まないようになってきましたが、保証人になると、借りた当事者と同じように、借金の責任を負うことになります。

借金3億円。これを突然背負わされたのです。

貧乏は一気に近寄ってきます。保証人問題に直面しただけではありません。父が所有して、私が譲り受けた古いビルに入っていた会社社長が家賃を数カ月分払わないまま、夜逃げ。ときどきお金を貸していた親友は、家族の事情もあり生活保護に。さらには、実家に泥棒が入り大金を盗まれたのです。まさに、一気に私のまわりに貧乏が引き寄せられてきたのです。

押し寄せる貧乏の波の中で、私は必死にもがきました。金融機関から与えられた猶予はたったの半年。頼る人もいない、弁護士を頼む費用もない。懸命の努力で、大きく返済額を減らすことに成功しました。私だけではありません。私の親も借金の池から抜け出すことができたのです。


このままでは、貧乏に飲み込まれる。どうすればいいのだろう？　私は、保証人としてこの借金から抜け出すときに、逆にお金持ちになる方法を探していました。

私のまわりには、仕事を通して知り合った何人かのお金持ちがいました。彼らのやり方にお金持ちになる考えが隠されていたり、行動のヒントがあるのではないだろうか……。

私は、兄や夜逃げした社長、親友そして自分自身とお金持ちの経営者たちとの違いを徹底的に考えました。そこには、ちょっとした、考え方・行動の違いがありました。このちょっとした日常生活を変えることがお金持ちの出発点だと気づきました。


私は、変わりました。

お金を貯めて不動産投資をして、そのお金を株式などにまわすことで、現在3億円を超す資産を手にすることができました。まさに、お金持ちのステップを登り始めたのです。

今でも、その坂を登っています。

日常生活を変えれば、貧乏から抜け出しお金持ちの坂を登れる。そんなヒントをご紹介します。

貧乏は
必ず
治る。

もくじ

はじめに …… 002

「いつもお金がない人」の習慣

01 わり算で考える貧乏人　かけ算で考えるお金持ち …… 018
02 お金を貸す貧乏人　お金を貸さないお金持ち …… 022
03 先生の言葉を信じる貧乏人　先生の言葉を疑うお金持ち …… 026
04 自分の感覚を信じる貧乏人　自分の感覚を疑うお金持ち …… 030
05 がんばる貧乏人　がんばらないお金持ち …… 034

06 許さない貧乏人　許すお金持ち……038
07 豪快な貧乏人　繊細なお金持ち……042
08 できない理由を言う貧乏人　できる理由を言うお金持ち……046
09 慌てる貧乏人　備えるお金持ち……050
10 靴が汚れている貧乏人　靴がきれいなお金持ち……054
11 恰幅のいい貧乏人　スリムなお金持ち……058
12 ストレスにつぶされる貧乏人　ストレスを活用するお金持ち……062
13 「おいしい」が好きな貧乏人　「おいしい」を控えるお金持ち……066
14 汚れていても気にしない貧乏人　きれい好きなお金持ち……070
15 夢を生きる貧乏人　夢を活かすお金持ち……074
16 情報いっぱいの貧乏人　情報を選ぶお金持ち……078

17 友達の多い貧乏人　友達の少ないお金持ち …… 082
18 まじめな貧乏人　ふまじめにまじめなお金持ち …… 086
19 信用する貧乏人　信用しないお金持ち …… 090
20 財布の厚い貧乏人　財布の薄いお金持ち …… 094
21 「どうにかなる」貧乏人　「どうにかする」お金持ち …… 098
22 過去にこだわる貧乏人　未来にこだわるお金持ち …… 102
23 お金が好きだと思う貧乏人　お金が好きなお金持ち …… 106
24 永遠の時間に生きる貧乏人　限りある時間に生きるお金持ち …… 110
25 絵を見る貧乏人　絵を描くお金持ち …… 114
26 家族との仲を大切にする貧乏人
家族との距離を大切にするお金持ち …… 118

27 5分遅い貧乏人　5分早いお金持ち …… 122
28 小銭を貯める貧乏人　小銭を使うお金持ち …… 126
29 テーブルごちゃごちゃの貧乏人　テーブルすっきりのお金持ち …… 130
30 占いを信じる貧乏人　神様を信じるお金持ち …… 134
31 気にしない貧乏人　気にするお金持ち …… 138
32 ご褒美をあげる貧乏人　ご褒美をあげないお金持ち …… 142
33 完璧をめざす貧乏人　完璧じゃないお金持ち …… 146
34 反省する貧乏人　反省しないお金持ち …… 150
35 忙しい貧乏人　マイペースなお金持ち …… 154
36 酔う貧乏人　酔わないお金持ち …… 158
37 貧乏に鈍感な貧乏人　貧乏に敏感なお金持ち …… 162

38 転んで終わりの貧乏人　転んでもただでは起きないお金持ち …… 166
39 公共を大切にしない貧乏人　公共を大切にするお金持ち …… 170
40 仕事が好きな貧乏人　お金が好きなお金持ち …… 174

今からスタートできる！お金持ちへのステップ

00 お金持ちになるチャンスがやってきました …… 180
01 お金持ちになることを具体的に決めよう …… 186
02 種銭をつくる …… 192

03 まずは捨てる……196
04 お金にまつわる本を読む……198
05 プチ起業をしてみる……200
06 勝負しましょう……202
07 お金に気持ちよく働いてもらう……208
08 運も貯めよう……212
あとがき……218

「いつもお金がない人」の習慣

01

わり算で考える貧乏人
かけ算で考えるお金持ち

買い物するとき、ついついわり算してしまう習慣はありませんか？

どんどん世の中が便利になって、駅やコンビニでもカードで払うのが当たり前になってきました。ネットで買い物するのも、ポチッとカートに入れてピピッとあっという間に手続き完了。なんだか便利で気持ちいいものです。

そのほかにも、財布事情にあわせて払う額が調整できる、分割払いやリボ払い。クレジットカードって本当に便利ですよね。現金の存在がますます薄らいでしまいそうです。

支払いを分割するといえば、昔、私の友人が意味もなく20万円もする自転車を買って言いました。

「これ10年乗れば1年で2万円。1カ月だと大体１７００円。毎日乗ると1日60円もいかない。安い買い物だろう。こうして割って考えると本当の価値が見えてくるんだ」

当時、社会人になりたてだった私は、その考えに大きな感動を覚えました。

「意外としっかりしてるんだ。こういう人を本当に頭がいいっていうんだな」

でも、本当にそうでしょうか？

割って考えると、一見高く見えるものもずいぶんリーズナブルに見えます。こんな考えを教えてくれた友達は、今どうしているかというと、人生を低空飛行で過ごしています。墜落はしていないけど、なんだか苦しそうな日々を送っています。

なぜでしょうか。彼は**わり算トラップの習慣**にはまっていたのですね。

これはお金についてわり算で考える習慣です。クレジットカードの分割払い、リボ払いによる借金。どちらも、高額な借金を軽く見せるためのもの。貧乏になる人がついついはまりがちな考え方です。これが、貧乏の入り口ともわからずに……。

クレジットカードだけではありません。住宅ローンだってそう。人生で最大の買い物といわれている家の購入も、月々8万円なら払えるとか払えないとか、総額で支払う額よりも月々いくら払えるかを重視している人が多い。

「ちょっと無理すれば払える」

これがわり算のトリックです。売る側もわり算の数字だけを強調して、できるだけ買う側の心の負担を取り除いて売ろうとします。これに多くの人が引っかかるんですよね。

一般の人だけではありません。会社も同じ。A銀行からの融資の返済は月々10万円。これなら返せる。B銀行からは、月々15万円。これも大丈夫。一度に25万円だとなんだか重いけど、なぜだか10万円と15万円で、しかも返済日が別だとそれぞれが軽く見える。

私の兄の会社もいろいろな金融機関から借金を重ねていました。倒産した後、会社の経理状況を見ましたが、小口の融資をいくつも受けていました。おそらく借金で借金を返す状況だったのでしょう。

苦しい状況では、わり算で出た数字だけに頼って簡単な足し算もできなかったのか、あるいは足すことから逃げていただけかもしれませんが。

貧乏な人がわり算で考えるのに対して、お金持ちはかけ算で考えます。

さきほどの住宅ローンの話でいうと、貧乏人は割ったお金の少なさで判断するけれど、お金持ちは利子をかけて総額で判断します。

ほかにも、お金持ちは携帯を申し込むときの付帯サービスにも目を光らせます。月300

円だとすると、すぐに12をかけて年間３６００円。これはムダだなとすぐに判断します。

これが、私の友達のようなわり算君なら、「1日たった10円か、ならいいや」なんて思うのでしょう。

かけ算を使えば生活のムダも見えてきます。週1回同僚と会社の愚痴を言うための飲み会。1回３０００円でも月４回で1万２０００円ほど。年間なら15万円近くにもなります。

お金持ちは、貯めるときもかけ算で考えます。

月々3万貯めて1年で36万円。10年で３６０万円。お金持ちは、さらに利子もかけます。積み立ての投資で、年率３％の複利で考えると４２５万円になるな、と。

お金持ちは、ムダな出費を削るときも、お金を貯めるときも基本はかけ算です。

わり算からかけ算でお金持ち体質に改善していきましょう。

処方箋 ¥

お金を使うとき、貯めるときにかけ算してみましょう

02

お金を貸す貧乏人 お金を貸さないお金持ち

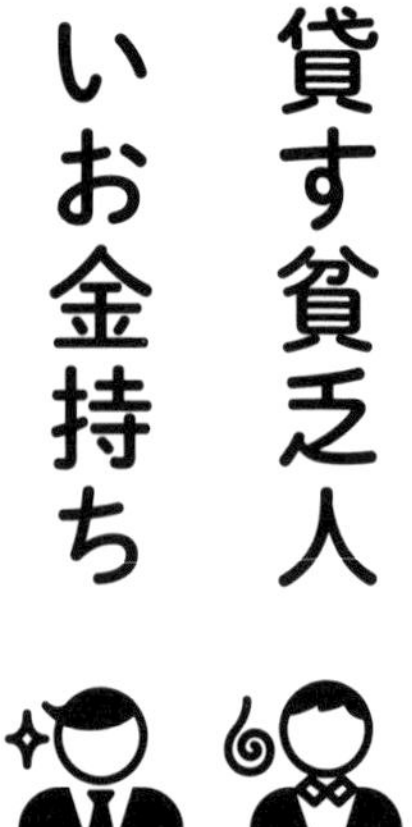

困った人を助けるのは、人として当たり前のこと。

困った人を助けるやさしい人が幸福になるのは、昔話や童話の定番ストーリーですね。やさしい貧乏人が幸せになって、意地悪なお金持ちが不幸になるのは本当にスカッとします。

でも実際はどうでしょうか？

私のまわりの自己破産した友達や夜逃げした経営者も、いい人たちでした。そのまわりにいる人もいい人ばかりと言っていいでしょう。お金がないと聞いては、すぐに貸してあげようとする、善人と呼べる人ばかり。まさに自己犠牲の精神。

それで、彼らにハッピーエンドが待っていたでしょうか？

答えは残念ながらノーーーーです。

お金に困った人に対してお金を貸しても、おたがいが不幸になるだけなのです。

私も若いころは、親友が「金がない。困った」と言えば、自分自身もお金がないのに、お金をつくって何度も何度も貸したものです。ときには、カードローンでお金を借りてまで貸すこともありました。「次は返すから」。この言葉を信じて。

その後、彼は自己破産。私自身が借金で苦しんでいたころ、「あのときの金があれば……」と何度思ったことか。

友人が悪いわけではありません。私自身が甘かったのです。よっぽどのお金持ちじゃない限り、いつもお金に困っている人を助けることはできないのです。

では、お金持ちはお金に困っている人に対してどうするのでしょう？

それは、知り合いであればあるほど、お金を貸しません。「お金を貸すときはあげるとき」と割り切れる場合しかお金を渡さないのです。ましてや、保証人なんて親子・兄弟であっても断ります。

お金持ちは知っているのです。お金の貸し借りで友情や家族の絆が切れることのほうが、お金が返ってこないよりもつらいことを。そして、自分が安易に貸してしまうことで貸した相手もだめになることも。お金を借りる癖がついた人によかれと思って貸しても、絶対に返ってこないし、あなたが中途半端に貸したことで、かえって被害者を増やすばかりなのです。

お金を貸すという行為を、お年寄りに席を譲るとか、道に迷った人を案内するといったような、ちょっとした手助けと混同してはいけません。

私の知り合いの社長は、お金を借りに現れた人には「いくら借金があるのか？」「誰に借金しているのか？」とまずは聞くと言います。相手が答えたところでもう一度相手の目をみて言うそうです。

「まだ、あるでしょう。正直に言いなさい」

こう言うと、相手は観念したかのように話しはじめるそうです。一つの借金が見つかると、必ずそのまわりに別の借金があります。

すべてを聞き出してから、借金を整理するために弁護士を紹介して、再起の目が見えたところで、ようやくお金を貸したり、職の世話を親身になってやるそうです。

実力もないのに、「よしわかった、すぐにお金を用意しよう」なんてそそっかしい人はお金持ちへの道はまだまだでしょう。

お金持ちが考えるのは、どうやってお金を活かすかです。**どうしたらお金が喜ぶのかを**

一生懸命考えているのです。いや、考えているというより自然と習慣になっています。

株で成功する人の中には、成長する会社で自分のお金に働いてもらうという考え方をする人が結構います。株主という立場で、長い目で自分のお金を活かすのです。〝投資の神様〟ウォーレン・バフェットは、この考え方で投資しています。

私の知人に、ベンチャー企業に出資した数百万円が、数億円に化けた人がいます。このように成長を助けるのが、本当のお金の使い方だとお金持ちは考えるのです。

お金持ちを目指すとは、お金の使い方を学ぶことでもあります。お金を貸すときも、安易に貸さない。お金を貸すときは、その人の成長の手助けになるかどうかを基準にする。なによりも、大切なお金が喜ぶのかどうかを考えましょう。

お金が活きる使い方かどうかを考える習慣が身についているかどうかが、貧乏人とお金持ちを分けるのだと思います。

処方箋 ¥

お金がどうすれば活きるのかを考える習慣を身につけましょう

03

先生の言葉を信じる貧乏人
先生の言葉を疑うお金持ち

まじめの定義は難しいのですが、老後を迎えるころに「お金がない」と気づく人には、まじめなタイプが多いように思えます。

定年間近の人だけではありません。30代、40代でも会社員としてまじめに働いているのにお金がない、資産がないという人も少なくありません。まじめに生きているのに、どうしてお金が貯まらないのでしょう。

「まじめ」と「お金」の関係を考えるときに思いだすのが、Iという友人です。

大学時代の同級生Iは、とにかくまじめ。授業もちゃんと出ているし、ノートもしっかりとっている。でも、いざテストとなるとなぜだか、彼のノートをコピーした仲間よりも成績が悪いのです。要領が悪かったのかもしれません。数年前の同窓会でIに会ったのですが、彼は転職もせず、こつこつ働く一方で、早くも老後のお金の心配をしている始末です。

ロバート・キヨサキ『金持ち父さん　貧乏父さん』（筑摩書房）の例を見るまでもなく、

どうもまじめなだけではお金持ちにはなりにくい。いやむしろ貧乏に落ちてしまいかねないのです。

「なんで、まじめがいけないの？」

なんて声が聞こえそうですが、まじめの中でも「先生の言うことを素直に聞く」という人が特に要注意です。

「先生の言うことを聞きなさい」

保育園や幼稚園、小学校で親や学校から叩きこまれたこのフレーズ。まじめな人ほど守ってきたのではないでしょうか。

「先生の言うことを聞いて何が悪い？」と言われそうですが、大人になったということは自立しているはずですよね。先生の言うことを聞いちゃダメと言っているのではありません。**先生の意見にただ従うのではなく、先生の意見はあくまでも参考程度にしてくださいということなんです。**

私自身、兄の倒産による保証人問題を一人で解決することになったとき、弁護士や税理士のいわゆる「先生」という人に何人か相談しました。そのすべてが「自己破産」の選択を勧めてきました。銀行との交渉を代わりにやってもらうことをお願いできるほどのお金もなかったので、仕方なかったかもしれません。

私自身が学生時代から先生の話をまじめに聞くタイプだったら、おそらく勧められた通り「自己破産」の選択をしていたでしょう。そのあとは、自己破産からの離婚、退職なんて感じの人生を送っていたかもしれません。

お金の世界では、相手の言うまま、特にその道の専門家の意見をすべて真に受けるだけだといわゆる「カモ」にされてしまいます。

不動産の世界は先生だらけです。「この物件を買ったら儲かるよ」「今は金利が安いから多めに借りたらいいですよ」……。この言葉にのって、すばらしい学歴を持つ一流企業の社員やお医者さんなど高額所得者が結局借金を払えなくなって自己破産という例が増えています。聞くと、自己破産した側も、その不動産物件を見ることもなく、言われるがままに買っていたそうです。こういう学歴エリートは素直な方が多い。きっと、素直にセミナーなどで先生と名乗る人の意見を信じてしまったのでしょう。

世の中、何事も最後に決断するのは自分です。当たり前ですが責任をとるのも自分。社会は学校ではありません。言われたことを素直に信じない。別の角度からもその話を検討してみる。**世の中を生き抜くためには、必ず〝もう一つの目〟をもつことが大切です。**

先にまじめな人が、だまされる話を書きました。こう書くと、まじめな人は「やはり投資は怖い。投資はやめておこう」と考えがちです。それも違います。

少なくとも、この本を読んだ方はお金持ちになる道を目指そうとしているはず。お金持ちになるには、こつこつ貯金だけでは道は遠いし、お金持ちにたどり着くことは難しい。だから、必ず投資という勝負をしなければいけないのです。

フランスの経済学者ピケティが書いた『21世紀の資本』（みすず書房）は世の中に衝撃を与えました。

その中で書かれていたのは、「賃金労働は投資による利益の増大にかなわない」という証明でした。こつこつ働いて得るお金では、お金持ちが投資で増やしていく額には追いつかないというのです。この本の主眼は格差の増大についてですが、別の観点から見ると、投資をしなければお金持ちになれないということなのです。

「こつこつ貯金する」という、親や世間の常識にまじめに従うことから抜け出さないと、お金持ちのステップには上がれません。でも、抜け出そうとするかしないかは、先生や親でもなく、あなたの判断です。

処方箋
¥

人生もお金も人の判断ではなく、自分で責任をもってコントロールしましょう

04

自分の感覚を信じる貧乏人
自分の感覚を疑うお金持ち

中学や高校のとき、こんな経験をしませんでしたか？

テストが終わって、勉強のできるクラスメイトに「テストできた？」と尋ねると、深刻そうな顔で「間違えた。だめだった」と答えます。「ふっふっふ。勉強のできる彼でもできなかったんだ」と思ってテストが返却されると、自分よりはるかにいい点数。そこであなたはこんなふうに思うのです。

「くそー、ウソついて。頭のいい人は性格悪いんだ」

これがあまり勉強ができないクラスメイトになると「テストできた？」と尋ねると、「できた。解答欄埋めたし」とどや顔。「なにー、あいつ勉強したんだ」と思ってテストが返却されると、いつもの通りの悪い点数。

「あいつ、できたと言ってたのに。やっぱりな」

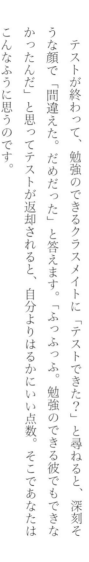

こんな話よくありますよね。私自身は、このできないクラスメイトのようなタイプだったので、テストのときには、解答欄を埋めるとよくできたような感覚になって、浮かれてしまい、点数を見てびっくりすることがよくありました。

その後、受験前に心を入れ替え、勉強に励みだしてから気づいたことがありました。

「間違いや、できなかった箇所がテストを受けた直後にクリアにわかる」

つまり、感覚ではなく、テストの出来を判断できるようになるのです。

これって実は、お金の話と共通することです。

給料日の1週間前になって、ATMでお金をおろしたときに残額があまりないことに気づく人は、大雑把にお金の管理をしています。だから「今月はまだお金が残っているはず」と思い込み、実際の残額との誤差が出るのです。

財布の中のお金もそう。「あれ、5000円入っていると思ってたのに、ない！」なんてことがしょっちゅうある人は、感覚でお金を管理しているのです。

テストの点数のいい人が、できなかったところを具体的にわかっているのと同じで、**お金の貯まる人は、財布の中身の金額も、口座にある残高もしっかりと把握しているのです。**

さらに、貧乏になる人は、根拠のないお金の話で盛り上がります。

以前、私が所有するビルを借りていた会社社長のまわりに集まる人もそんな人ばかりでした。

「この仕事で年間10億円は入ってくる」「会社を別につくろうか」などと景気のいい話で盛り上がっていましたが、そこの社員が私に言いました。「あの人たち、実際はみんな借金まみれの人なんですよね」

そんな状況だからか、彼らの話は何一つ実現していませんでした。しまいには世の中に大きな迷惑をかけて、今では行方知れずです。

もし彼らが本当に年間10億円入る事業を実現できる人たちだったら、もっと具体的な話が飛び交っていたはずです。製品の生産、流通、販売先、許可、融資など、考えなくてはならないことも多くあったはず。夜も寝られないほど忙しくなっていたことでしょう。

一方、私の知っている優秀な経営者の方々は、どの人も頭の中に、あるいは常に持ち歩いている手帳に、会社の数字がびっしりと入っています。毎日、研ぎ澄まされた感覚で数字と向かい合っているのです。

私たちは、自分や家庭の経営者です。お金持ちになって楽しい人生、充実した人生を過ごすためには、その元手となるお金に対して、真剣でシビアでなければいけません。

お金を感覚でとらえない。具体的な数字で考える習慣を身につけましょう。具体的な数字で考える習慣がついたところで、ようやく本当の意味での「お金の感覚」が身につくのです。それは、お金に対する第六感ともいうべきものです。優秀な経営者が会社の怪しい数字にすぐに気づき、儲けどころがかぎ分けられるように、人生の経営で成功をおさめるためにも、お金を具体的な数字で考える癖を習慣づけましょう。

まずは、自分の財布に今いくら入っているのか？　口座にいくら残っていて、いくら貯まっているのか？　しっかりとした金額で言えるようになることから始めてみませんか。

処方箋 ¥

お金は、具体的な金額で考えることを習慣づけましょう

05

がんばる貧乏人 がんばらないお金持ち

貧乏になる人、貧乏予備軍の人はがんばります。

「いやいやそれはない。逆でしょう」なんて多くの人は思うかもしれません。

でも、私もかつては、そうでした。

「よし、明日からがんばろう」が口癖でした。

これって、禁煙やダイエットを失敗する人の心理に似ています。

「よし、明日からたばこをやめよう」

「よし、明日から甘いものをやめよう」


ずっとこんなことを言っている人が身近にいませんか。「私ほど、ダイエットをがんばっている人はいない」と自慢している友達がいましたが、それは何度もダイエットしては挫折しているということですよね。

そんなダイエットに失敗ばかりしている人とは正反対で、「私、特別なことは何もしてないんです。ほほほ」と言っているのにプロポーションばっちりなんて人もいますよね。

「私、特別なことをいろいろしているんですけどね……」なんて人たちとは大違いです。

では、何もしないで痩せている人は、誰も見ていないところで「涙ぐましい努力」をしているのでしょうか？　がんばっているのに痩せない人と、がんばっていないのに痩せている人の違いは何でしょうか？

その違いをつくるのは「習慣の力」です。

少なくとも同じような体質で、太っている人と痩せている人を分けているのは、努力が習慣化しているかどうか。つまり、太らないために必要なこと（運動したり、ラーメンを汁まで飲み干さないなど）が当たり前になっているかどうかなんですね。当たり前だから、本人も特別なことをやっているとは思っていないのです。

ある脳科学者は、ダイエットを始めるときに最初からやる気を目一杯上げるのは、脳科学的に大間違いと言っています。いつもの行動にそっと痩せる習慣（テレビを見ながらの筋トレとか）を忍ばせることが大切だそうです。脳は、慣れない食事制限や運動を急に始めると反発するそうなのです。

これは、貧乏体質の改善にも大きなヒントになりそうです。

あなたは、「お金を貯めなきゃ」と、急に食費を節約してがんばったけど、結局挫折……という経験はないでしょうか。「貧乏な人はがんばる」と書きましたが、本当に何度も何度もがんばります。そして、同じ数だけ挫折するのです。

たとえば1カ月に2万円ずつ貯めるとします。貧乏になる人は、食費を削ったり、好きなものを買うのを我慢したりして2万円をつくるでしょう。がんばって貯めるから、すぐに息切れしてやめてしまうのです。

心の中では、「あんなにがんばって2万円か。どれだけがんばれば100万円貯まるんだろう」。しまいには、「お金持ちはやっぱり悪いことをしているに違いない」などとやつあたりして、「こんなにがんばったから自分にご褒美」なんておいしいものを食べまくり、結局貯めたお金より使ってしまうなんてことに……。

お金持ちになるには、いつもの生活にそっと、貯まる習慣を忍ばせるのです。自分でも貯めていることに気づかないくらいに。

給料天引きの定期預金だったり、積立投資信託だったり、もっと賢い人はお金を積み立てて資金運用するだけではなく、確定拠出年金で年間8万円くらい（年収によって異なります）節税する方法で貯めていきます。

無理ながんばりは続きません。がんばる↓やめる↓がんばる↓やめるを繰り返すうちに自分が嫌いになる。そうなっては最悪です。

お金が貯まる人はがんばらない、と書けばうそになります。正確には、お金が入る・お金が貯まる仕組みをつくる努力はします。ただ、その仕組みができたらあとはそのままということです。私も今、給料とは別に不動産の収入が定期的に入ってきています。一度仕組みをつくってしまえば、なにもすることはありません。がんばっても上がらない給料と比べたら本当に夢みたいな話です。

あなたも自分の今の生活に、そっとお金が貯まる仕組みを組みこんでみませんか。

処方箋 ¥

がんばらないでお金が貯まる仕組みをそっとつくりましょう

06

許さない貧乏人
許すお金持ち

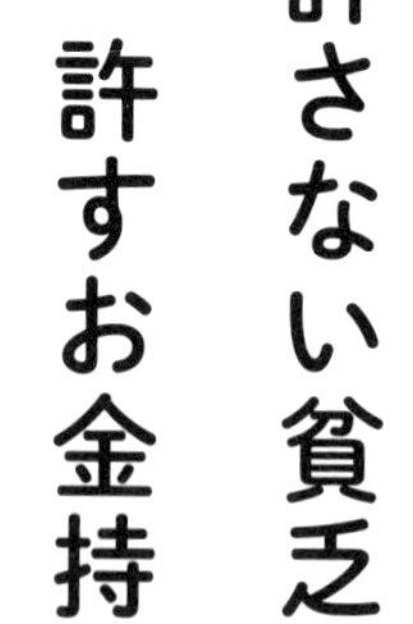

「悪口を言ってはいけません」と小さいころに親から教わりましたよね。では、どうして悪口を言ってはいけないのでしょう。それがいじめにつながるから？　友達との人間関係が悪くなるから？　もちろんそれはそれで正しいのですが、お金の世界で見ると、悪口を言うと自分に確実に損が降りかかるからです。

悪口だけならまだいいものの、「絶対に許さない」と絶交を心に誓って突き進むと破滅の道へまっしぐら。許さなかった本人だけがその報いを受ければいいのですが、家族まで巻き添えをくってしまうなんてこともしばしばです。

「臥薪嘗胆」という故事成語があります。その昔、中国の呉という国の王が、父の死の恨みを忘れないために薪の上で寝て（これが「臥薪」）、ついにその恨みを晴らします。次にその相手も、負けた屈辱を忘れないために苦い胆をなめてやり返した（これが「嘗胆」）、という故事にちなみ、成功するために苦労に耐えることを意味する言葉になりました。

この言葉を以前は含蓄ある言葉だと受け取っていましたが、最近の私の解釈は、**「許せない人は滅びる」**というもの。薪の上に寝て恨みを忘れなかった呉の王は、一度は国を救うものの最後は国を巻き添えにして滅ぼされてしまうからです。


私の父も、愛憎が激しい人でした。誰よりもまわりの人を愛す一方、仕事には厳しく、一度敵になると相手を徹底して叩きのめすタイプの人でした。見ているぶんにはおもしろかったのですが……。

父は、ある会社の役員まで若くして上り詰めるのですが、経営陣と対立して会社を辞め、独立して事業を興します。そのエネルギーの原点は、前の会社の経営陣を許さないという気持ちでした。

「いつか見返してやる！」その一心で、家庭も顧みず父はがんばりました。でも、許さない気持ちが原点の会社はどこかゆがんでいたのでしょう。積んだレンガも、土台がゆがんでいると高く積み上げたときに一気に崩れるように、父がつくった会社は兄が引き継いだあと、もろくも倒れてしまいます。

「許さない」という気持ちのエネルギーは、とても強いものです。悪魔に魂を売って信じられない力を手に入れる物語がありますが、それと一緒で、短期間はうまくいくでしょう。でも、その負のエネルギーは、いつしか自分にはね返り、最後は自分自身と愛する家族を破滅させるほどの力も持っているのです。

個人のお金の世界も同じです。「あの人だけには負けたくない」という気持ちが純粋に仕事のエネルギーとして使われているうちはいいのですが、その気持ちがいつしか「あの人は許せない」に変わったら要注意です。

たとえば、同僚との飲み会は、この手の話題でもちきりになっていませんか？　嫌な相手のために飲み代を使い、時間を使い、飲みすぎとストレスで健康までだめにするなんてあまりにもばからしい。

会社の仲間と、会社や上司、同僚の悪口以外で話が続きますか？

もし悪口以外のことで特に話題がないのなら、その輪から離れたほうがいいでしょう。お金と時間の浪費としか言えません。

本当のお金持ちは、お金を持っている状態を長く続けられる人です。その状態を自分の代だけではなく、子どもの代、孫の代まで続けられる仕組みを作ることのできる人です。

そういうお金持ちは「許さない」という心のゆがみを早いうちに解消するのです。

私のかつての同僚で10年ほど前に会社を辞め、ＩＴ業界で成功している人物がいます。

同じ時期に８名ほどの同僚が辞めたのですが、彼だけが大成功しています。最近その仲間たちと集まる機会があったのですが、彼だけはかつての上司や会社の悪口を言いませんでした。ずいぶんひどい辞め方をさせられたにもかかわらず。

「あのころ鍛えられたから、今があるんだよね」と彼。かっこよすぎだろと思いつつ、許したから成功したのか、成功したから許したのか分かりませんが、少なくとも「許さない」気持ちを持ち続けていなかったのは事実でした。

お金を高く、大きく積み上げるためにも、「許さない」気持ちを捨ててみませんか？

処方箋 ¥

飲み会での悪口やネットの書き込みなど、許さない行為は自分に返ってくることを知りましょう

07

豪快な貧乏人
繊細なお金持ち

お金持ちのイメージの一つとして、「俺について来い」と言ってくれそうな、面倒見が良くて、細かいことを気にしないタイプが描かれることがあります。それは、ある一部のお金持ちの、ある一面だけを大げさに表現しているように見えてなりません。この英雄伝説というか、男気こそがお金持ちに必要な条件だというのは、私の実感とはかけ離れています。

たとえば、西郷隆盛という人は、上野の西郷さんの銅像でおなじみの通り、その大きな体は豪快そのもの。さすが日本の歴史に残る英雄です。

「おいどんに任せれば、なんでも大丈夫でごわす」といった感じの風貌ですが、若いころは今でいう経理の仕事をしていたそうです。だから、数字に強い。西郷さんが、実に細かいところまで気がつく人であることはあまり知られていないのではないでしょうか。

歴史を動かすためには、人や物を大規模に動かさなければなりません。そういう点では、数字に強いことがずいぶん役立ったはずです。

西郷さんの例だけではありません。私のまわりの社長さんや不動産で財産をつくった人たちも、皆さん数字に強い。細かいところまでとらえています。手帳の中身も数字でぎっしり。お金持ちになる人は、繊細な感覚を持っています。

会社の部門別売り上げも、すべて記録しています。

「そこまでしなくても、会社の経理が数字についてはすべてわかっているのに」と思っていましたが、そうではないんですね。数字の細かいところまで自分で理解しておくことで、その先にある会社のこれからや改善点が見えてくるのです。

京セラの稲盛和夫名誉会長は、数字を見ればおかしなところが浮かび上ってくるといいます。さすが経営の神様。経営でなくてもせめて、自分や家庭の家計ぐらいはこの域に近づきたいものです。


一方、私のまわりにいた貧乏軍団はまったく違います。おかしい数字が書類から浮かび上がってくるという稲盛氏とは、正反対。どんな数字も見えていないようでした。

ローン残高がどんなに増えていても、貯金残高がまったくなくても、気にしない。本当に細かい数字を気にしません。

お金がなくなったら、豪快に借りまくります。このように細かい数字を気にしないことで、自分はビッグな人間だと勘違いしているから始末に負えません。

貧乏な人が、決定的にダメになる一手をご存じですか？


それは、借金で借金を返すことです。


この借金で借金を返すことをやりはじめたら、ほぼ間違いなくまともに戻ることはできないでしょう。個人なら自己破産、会社なら倒産へまっしぐらです。

借金が返せそうにないときの行動が、反転して金持ちに向かう道に進めるのか、貧乏が加速して立ち直れなくなるかの分かれ道になります。貧乏な人ほど、ある意味豪快な手を打ちがちです。よくあるのが、返済する借金の額より多めに借りること。この必要額より多めに借りるのが、貧乏になる人の大きな特徴です。

「これから何があるかわからないしね」という感じで。

「貧乏な人は豪快」と書きました。借金でつぶれるまでは、本当に豪快に見えます。これって現状がよくわかっていないだけなのです。それと、想像力が足りないから、一見豪快に見える思い切った行動をとってしまうのです。

一方、「お金持ちは繊細」だと書きました。お金に関して繊細なのは、お金の怖さを知っているからです。今財布にいくら入っているのか、貯金がいくらあるのか。今月、いくら払うものがあるのか。お金を持っている人は、お金を繊細にやさしく扱います。先ほどお金の怖さを知っているからと書きましたが、繊細にやさしく扱えば何倍にもなって返ってくることも知っているからです。

最後に、豪快に見える人には注意してください。その豪快さの裏には、べったり借金が張りついているかもしれませんから。人のいいあなたは、巻き込まれないよう要注意です。

処方箋
¥

自分の今の状況をしっかり把握。お金の扱いには繊細に心配りしましょう

08

できない理由を言う貧乏人
できる理由を言うお金持ち

お金の話の前に、結婚について少し触れたいと思います。

最近、男性も女性も晩婚化、非婚化が進んでいますね。自身の強い意志で「私、結婚しないと決めているんです」という人は別にして、そこそこ見た目も悪くないし、性格もいいのに、「結婚したいんだけど、なかなかいい人と巡り合わない」という人にはある特徴があります。

それは、相手を否定する理由、つまり「なぜこの人とは結婚できないのか」という理由だけが具体的ではっきりしているということです。

たとえば、紹介されて会った人。ちょっとお付き合いするだけならいいけど、いざ結婚となると「箸の持ち方が悪い」とか「服の趣味が無理」とか、これからの人生をともに過ごす時間を考えれば、実に小さなことを理由にします。かなり気にいった人だとしても、10％でも気になるところがあれば、ときには全体のたった1％でもダメなら結婚しないという人さえいます。

結婚できる理由よりも、できない理由を優先しているのです。否定のエネルギーがあいまいな結婚願望を上回ってしまっています。

それでいて、「いい人いないかなー」なんて贅沢なことを言っていれば、結婚の神様も見放しますよね。

お金も同じです。**「お金が貯まらない人」と「結婚したいけど結婚できない人」は、思考がかなり似ています。**

「お金持ちになりたい」と言い続けているのに、いざとなると具体的なアクションを起こさない。それどころか、できない理由を言い始めるのです。

有名な「ゆでガエル」の話があります。

熱い湯をはった水槽にカエルを入れると、ジャンプして逃げ出しますが、ゆっくりと水の温度を上げていくと、カエルは気づかずに、しまいにはゆであがって死んでしまうという話です。人も、何か突然のことには反応して逃げ出せるけど、まわりの環境が少しずつ悪くなった場合は気づくことすらできず、結局人生が終わってしまうというのです。

私も、かつてはこの「ゆでガエル」でした。どんなにがんばっても評価されない↓仕事がつまらない↓ますます会社の評価が下がる↓辞めたい↓でも辞められない……。そんなことの繰り返しでした。

この状況を抜け出すためにいつも考えていたのは、今の仕事以外の生きる道。

ファイナンシャルプランナーの勉強を始めたときは、「保険や不動産の基礎知識も、経験もないしムリだな」とか、ネット通販の本を読んでは「パソコンの技術なんてないし、そもそも性格的にマメじゃないし」などと、できない理由を見つけては、自分で納得して諦めていました。

保証人問題を片づけたあと、このまま何もしないでいれば、ゆであがって死んでしまう。私は、不動産という舞台で勝負に出ました。結果、1億5000万円もの借金をしてマンション経営を始めたことで、私はどうにか生き延びて、今では毎月定期的な収入が入るようになりました。私を救ったのは、兄の会社の倒産という大ピンチをきっかけに、貧乏と向きあったことです。まさにじり貧状態から抜け出すことができました。

今では思います。もっと早く始めておけばよかったと。

お金持ちになる人は、始める人です。どうすれば、できるのかを考えてやる人です。始めなければ本当に始まらない。

私は、お金がないと嘆いているサラリーマンにふるさと納税を勧めていますが、なかなか始める人は少ない。確定拠出年金になると、始める人はもっと少なくなります。得だとわかっていても始めない。

格安スマホもそうです。年間5万円以上も違うのに始めない。「行く時間がない」とか「どうすればいいのかわからない」とか理由をつけるのです。

それに比べて、お金を持っている人は敏感です。知り合いの医者や経営者は、ふるさと納税も、確定拠出年金も、格安スマホもすぐに始めています。お金を持っている人こそ、できる・やれる方法を考えて実行に移し、お金を貯めていきます。

あなたは、貧乏というぬるいお湯に慣れていませんか？

何かおかしい、抜け出したいと思ったら、まずは、小さなことから始める。できない理由よりも、できる理由を探して行動することが大切です。

処方箋 ¥

できる理由を見つけて行動しましょう

09

慌てる貧乏人 備えるお金持ち

貧乏スパイラルから抜け出し、お金持ちになるには必ず転機となるときが来ます。まさに、ビッグチャンス。このチャンスをしっかりゲットできるかどうかに、あなたの今後の人生がかかっています。

ギリシャの格言に「チャンスの神様は前髪しかない」ということわざがあります。

このチャンスの神様には、前髪しかなく後ろは禿げているので、チャンスと思ったときに前髪をつかまえないと後からはつかまえられないというのです。

前髪だけしかない「チャンスの神様」が突然あらわれたとしても、ただただ慌ててびっくりするだけかもしれません。

でも、チャンスは本当に突然やってきます。私自身、一棟目の不動産情報をもらったのは、やはり突然でした。これ以上ないと言ってもいいくらいの内容でした。しかし、あまりのよさにびっくりしてなぜだか断わってしまったのです。それでもぜひあなたにお願いしたいと、再度不動産会社の方が言ってくださり、無事に購入することができました。チャンスの神様がたまたま戻ってきてくれたおかげだと思っています。

当時も不動産については勉強していたつもりでしたが、いきなりすごくいい物件が目の前にあらわれて、慌ててしまったのでしょう。あのとき、慌てて断ったままだったら今頃どうなっていたのだろうと怖くなります。

慌てると、自分でもわからない思わぬ行動をとってしまうのですね。

お金儲けのチャンスを逃すタイプの人は、大事なときにとにかくバタバタしています。たとえば、大きな地震が起きたときに、デマ情報に振り回されてチェーンメールを回してしまう人も、この慌てるタイプの人に分類されるでしょう。

でも、こういうバタバタしている人は、普段はなぜかノンビリしているんですよね。

いつもはなんだかノンビリしているのに、いざというときに慌てるのはなぜでしょう？

実は、慌てるタイプの人は、生活しているうえでの時間配分のバランスが悪いのです。いつもはスローペースなので、いざというときにすばやく、しかも的確な行動がとれない。つまり、いざというときに自分で自分をうまくコントロールできないのです。ではどのように対策すればいいのでしょう。

そのヒントは、あのイチローにありました。

イチローが日本でプレーしているときに、彼の試合を見に行く機会がありました。イチローといえば、芸術的なヒットや走り、そしてレーザービーム送球に代表される華麗な守備に注目が集まります。でも、そのとき私が注目したのは彼の守っているときの動作です。

イチローは守備の間、絶え間なく動いていました。これは、他の選手とまったく違います。ちょっと落ち着きのない感じにも見えましたが、明らかにイチローは、打球がいつ飛んできてもいいように備えていたのです。

あなたは、お金を稼ぐチャンスに備えていますか？

「機を見るに敏《びん》」という言葉があります。これは、チャンスにすばやく的確な行動がとれる様子を表現したものです。お金持ちになる人は、チャンスに備えているからすぐに行動を起こせるのです。

不動産の世界では、いざというときに備えている人と備えていない人では、稼ぎにすぐに数千万円、ときに数億円もの違いが生まれます。

稼げる物件は、そう滅多に出てくるものではありません。いざ儲かる物件が自分に回ってきたときに、備えができている人は、すぐに買入れの申し込みを行います。「マンション投資をしたいのでいい物件が出たら紹介してください」と不動産会社の人に頼みながら、いざいい物件が出てきたときに慌てて検討に入るような人には、その後、いい物件は回ってきません。金額はいくらで、利回りはいくらなら買える、というしっかりした基準をもっている人だけがお宝物件をゲットできるのです。

宝くじを買って「10億円当たるといいなー」とのんびりと待っているような人には、ビジネスチャンスが来ても慌てるだけでしっかりゲットできないのです。

ピンチに備え、チャンスをつかむ姿勢をとりつづける。

そういう人だけが、誰にも一度は訪れるお金持ちになるチャンスをつかむことができるでしょう。

処方箋

¥

普段からお金のことを考えて、いざというときに慌てないようにしましょう

10

靴が汚れている貧乏人
靴がきれいなお金持ち

ホテルにはいろいろな人がやってきます。なかには最初からお金を払わないで泊まろうという詐欺師もいるようですね。

一流のホテルともなるとフロントマンは、こういった詐欺師を見抜かなければなりません。ニコニコした笑顔、でも眼は鋭くお客様を観察します。立派な服、持ち物も品がいい。でも靴が汚れている。ここで一流のフロントマンの注意レベルが上がります。

私も、数人の詐欺師と呼べる人々と会ったことがあります。

父の代わりに管理しなくてはいけなくなった商業ビルに入っていた会社の社長が、資金繰りの苦しさから何度も家賃を待ってくれと頼みに来ました。古くからの知り合いだったので、しばらくは仕方ないと思っていたのですが、あるときさすがにもう待てないと話し合いの場を持つことにしました。

すると、「大きな投資話がうまくいきそうなんです。うそだと思うでしょう？　だから、その仲間に会ってほしい」と言うのです。

半信半疑ではありましたが、家賃は回収しないといけないし、彼の話が本当なら実にすごいことだと、実際にその仲間に会ってみることにしました。

彼の仲間が語る話は、アメリカの大統領の名前がついた財団とのかかわりに始まり、投資先が資本金1兆円（そんな会社あるわけない）という医療系団体であるという話など、冷静に考えればすぐにうそだとわかることばかり。にもかかわらず、知り合いの社長は、すっかりその話を信じ込んでいました。

詐欺師は大金持ちをだまそうとすると思っていましたが、人をだまそうとする人に相手のお金のある・なしは関係ないのですね。彼らは、おそらく私の知り合いの社長が借金してでも投資すると見込んでいたようです。

お金を持っている、持っていないというよりも、お金を欲しがる「欲」のほうに怪しい人々は群がるのだということがよくわかりました。彼らが、実際に詐欺師だったのかどうかはわかりませんが、すごい世界があるものです。

数十億円の話をしている割には、彼らの靴がとてもくたびれて、汚れていたのが今でも強く印象に残っています。

靴には、その人が自分自身をどう見ているのかが表れるといいます。自己評価の低い人は、靴が汚れていてもそのままにしているようです。

あるナンパのプロは、「靴が汚れている女性はすぐにだますことができる」と豪語していました。ナンパ男にだまされる女性は、きっと「私なんて大したことないダメな女だ」という気持ちが靴に表れているのでしょう。ナンパ男は、そんな女性の心を嗅ぎとって近寄っていくのです。

「はきものをそろえると　心もそろう」という禅宗のお寺の言葉があります。古くから靴と心の関係は知られているのですね。

靴の汚れは、自己評価の低さを表し、靴をそろえると、心の乱れが整ってくる。ここに、お金持ちになるヒントがありそうです。

確かに、お会いするすばらしい経営者の足元を見ると、きれいに磨かれた革靴だったり、清潔なスニーカーを履いています。汚れた靴が自己評価の低さを表すのなら、きれいな靴は自己評価の高さを表しています。自己評価が高いからこそ、自信あふれる行動と経営判断ができるのでしょう。

このような靴を履いている経営者の方と、靴を脱いで部屋に上がるお店へ食事に行くと、彼らは、実に丁寧に靴を脱いだり、靴ベラを使って靴を履きます。その様子は、靴を乱雑に脱いで、かかとをつぶしながら履く、居酒屋でよく見かける風景とは正反対です。

お金があるから、靴がきれいなのではありません。私のまわりでも、靴が汚れてくたびれている人よりも、靴がきれいな人が大きな仕事を任されて出世しているのを見ると、「きれいな靴」は、出世とお金を呼ぶようです。**足元まできれいにできる人は、自己管理がしっかりしているからでしょう。**

きれいな靴には、運とお金が寄ってきます。毎朝靴を磨く。玄関では靴をそろえる。たったそれだけで、あなたの金運が変わるのならやって損はありませんよね。

処方箋
¥

靴を磨いて、玄関ではそろえましょう

11

恰幅のいい貧乏人 スリムなお金持ち

「40歳になったら人は自分の顔に責任を持たねばならない」

これは、ある男の採用を断わったときに、アメリカ大統領のリンカーンが言った言葉です。顔には、心の内側が出ます。怒りっぽい人は顔に厳しさが刻まれ、愚痴っぽい人はどこか表情に卑しさが表れます。リンカーンは、この顔に表れるサインから、その人の性質を見てとったのだと思います。

心の状態は自然と外見に表れます。そのサインの一つが肥満です。日本の昔話でも西洋のおとぎ話でも、お金持ちは太って描かれています。私も幼いときに出た学芸会の劇は、お金持ちの家に住んでいる太ったネズミと貧乏な家に住んでいる痩せたネズミの相撲を題材にしたものでした。

ところが近年、アメリカや日本のような経済先進国では経済的に余裕のない人が太り、余裕のある層が健康的な標準体重を保っているという逆転現象が起きています。

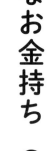

肥満体国アメリカでは、安くて高カロリーなポテトチップスやハンバーガーに代表されるファストフードの食べすぎで低所得者層に肥満が多いと言います。

体の生活習慣病の大きな原因は肥満です。私は、同じように心のメタボが貧乏の原因になっていると考えています。

だから、行動を変え、習慣を変えて、体が変われば、心も変わると考えています。**体が引き締まれば、自然と心もスリムに、出費も同じくスリムに変わります。**

あなたの貧乏は、長い時間とたくさんのお金をかけてできあがった生活習慣病です。劇薬を使っても一時的な変化のみで、すぐに元に戻ります。リバウンドするのです。

生活習慣を変えて、体質改善ならぬ〝貧質改善〟にとりくみませんか。

私は、貧乏は生活習慣病であり、伝染病でもあると考えています。肥満傾向の親の食生活に子どもが影響を受け、子どもも肥満という家庭があります。同じように、お金がない親の生活習慣が子どもに引き継がれることが心配です。貧困の連鎖を食い止めることが社会の課題の一つとなっています。あなたが家庭をもっているなら、お金がなくなる生活習慣を断ち切っていきましょう。

面白い研究結果があります。大阪大学の研究チームが２００５年に行ったアンケート調査で、住宅ローンを除いた負債の「ある」「なし」と肥満度の関係を調べたところ、「負債がある」というグループには、男女とも肥満者が多いということがわかりました。

この調査に関して、大阪大学社会経済研究所の池田新介教授は、「肥満というのは経済学から見れば〝借金〟そのものだからだ。食べる楽しみを優先したことで背負った健康上の〝負債〟だと考えればいい。結果として、（中略）将来の病気のリスクを背負い込むといった〝利息〟を支払うことになる」と述べています（雑誌「プレジデント」２００９年1月12日号）。

また、池田教授は、肥満体質の人のある性格が肥満を増長していると言います。

それは、「後回し」という性格です。

このまま太っていったら健康的にも経済的にもまずいと分かっていても、大食いをやめられず、運動のつらさも避けようとする性格のことです。

以上のことを踏まえると、借金を背負いやすい人というのは、この「後回し」の性質があるということになります。やらないといけないことも「ま、後でいいか」といった感じで棚上げをする。快楽を優先して、つらいこと、やらないといけないことを先に延ばす……。これこそが、貧乏の大きな原因になるのです。

処方箋
￥

心と体は相似形。太る生活習慣をやめて心も体もスリムに

一方、お金持ちはスリムな人が多い。自己管理がしっかりとできている人は、お金もしっかり管理できるのです。太ると健康面でもリスクがあるし、何よりも心がブクブクとメタボ体質になると、お金がだらしなく出ていくことも知っているのです。貧乏は伝染病という側面も知っているから、お金持ちの家は、子どもへの金銭教育もしっかりしています。

何代も続くようなお金持ちの家ほど、子どもに無駄なお金を与えません。体の管理とお金の管理の根底にある心理は同じです。

心のダイエットで、脂肪も無駄な出費も削りましょう。

12

ストレスにつぶされる貧乏人
ストレスを活用するお金持ち

秋になると日本各地で祭りが開かれますよね。

秋の祭りは米をはじめとして収穫を祝い神様に感謝する目的がほとんど。このような祭りではそれまでの苦しい日々を忘れて、人々はおいしい食事やお酒で自分を解放する日でもありました。

耐えて、耐えて、溜めて、溜めていっきに自分を解放する……。なんて気持ちのいいことでしょう。農耕民族日本人の性格的な根っこになるところはこうしてできあがっていったのかもしれません。

祭りの日は、それまで蓄えていたお酒や食べ物をふるまい、心に溜まった苦しい思いも吐き出す日でありました。

蓄えていたものを放出する。

それは、ストレスの発散になり、人間が強い快感を感じる行為です。

子どものころ、高く積み上げた積み木を一気に崩すことに気持ちよさを感じませんでしたか。それと一緒です。蓄えたものを一気に放出する行為は、とても気持ちがいい。だから、お金も気持ちも一気に放出する祭りの日は、昔の人にとって快感だったのです。

では、現代はどうでしょうか。

今は、毎日が祭りのような感じです。テレビは毎日にぎやか。街は、祭りの縁日のように刺激があふれています。

テレビやインターネットの広告も、どうにかしてお金を使わせようとする仕掛けがいっぱいです。

昔の日本人は、苦しい生活に耐えて、ほんの数日の祭りの日に自分を解放すれば十分だったのかもしれません。でも、現代の日本人はストレスに耐える力がずいぶん弱くなっているのでしょう。心に溜まったストレスをすぐに解消しようとします。

このストレスが、貧乏にいたる大きな要因となります。というか、**ストレスとどうつきあうかが、あなたがお金持ちになれるのか貧乏の坂を転がっていくのかの分かれ道**といっても過言ではありません。

現代のストレス解消方法でもっとも問題となるのが浪費です。いわゆる、ムダ遣い。生活に必要じゃないものまで買ってしまうことです。浪費は、ストレスから生じる心の渇きを埋める手段となっています。

祭りで、一気に心を解放するようにお金を浪費して快楽を得る。これがたまにならいいけど、「上司に怒られた」とか「満員電車で疲れた」とか「恋人とケンカした」など日常のちょっとしたこと（本人にとっては、ちょっとしたことじゃないかもしれませんが……）でストレスを感じては、買い物をしてしまう。しまいには買い物依存症になる人もいます。

では、貧乏の坂を転げ落ちないために、ストレスとどうつきあっていけばいいのでしょう。そういう人はストレスに弱いことを自覚したうえで、ストレスを溜めないことが大切です。そして、ストレスの発散は頭の中だけでは難しいので、体を動かすことがいいと思います。あるアメリカの研究機関の実験では、週3回30分以上の有酸素運動でストレスは減るという結果が出ています。

お金持ちはこのストレスとのつきあい方が実にうまい。というより、ストレスとうまくつきあってさらに人生を充実させています。

毎日、散歩やジョギングで体を動かしたり、週末はゴルフをしたりと、体をつかってストレスを解消するからますます活力がわいてくるという、いい循環をつくっています。釣りや登山などで、思いっきりストレスを発散させている人もいます。

処方箋
¥

ムダ遣いの代わりに歩いてみよう

お金持ちは、ストレスの発散を通してプラスのスパイラルを描いて上昇していきます。これが、浪費などのマイナスのスパイラルで落ちていく貧乏な人との大きな違いです。

なかには、お酒がストレスの解消法だといって、毎晩のように飲んでいるお金持ちもたくさんいます。ただ、こういう人は晩年健康を損なう人が多い。健康だけではなく、家庭もおかしくなったという人をたくさん知っています。長くお金持ちであるためには、やはり健康的なストレス発散がいいようです。

通勤の満員電車もストレス。絶え間ない情報もストレス。人や自転車を避けながら歩くのもストレス。ストレス解消と思っているネットゲームもストレス。何気ない日常の中で私たちは心にストレスを溜め込みます。

だから、ストレスとどうつきあうかが、貧乏とお金持ちの大きな分かれ道です。ストレスを感じたら、まずは体を動かしてみませんか。

13

「おいしい」が好きな貧乏人「おいしい」を控えるお金持ち

「私の趣味はおいしいものを食べること」

こういった発言をする人を男女問わずよく見かけます。テレビや雑誌でも、おいしいお店の特集があふれかえっていますよね。

おいしい料理を食べると幸せな気分になります。ときには、「生きててよかった」と心から思えるような料理に出会えることもあります。でも、「おいしい」には、お金がまとわりついてきます。

バブルの時代、20代の若者が高級店でワインを傾けながらデートというのがはやりました。デートだけではありません。若い女性は、上司や先輩にもおごってもらうということがしばしば。いわゆるグルメに育っていくわけです。こんな生活を送っていた私の知り合いのバブル世代の女性の中には、生活の質を落としたくないという理由で結婚しないという人もいました。私は世の晩婚化の一因は、この「おいしい」生活がやめられないことではないかと思っています。

「おいしい」にはお金がまとわりつくと言いました。料理そのものの値段だけではありません。料理に合うお酒、交通費、いいお店に行くためにはそれなりに身なりを整えることも必要です。友達と行けば「もう1軒」となり、さらにお金がかかる。おいしいもの好きのまわりには、おいしいものを好きな友達が集まり、誘ったり誘われたりできりがない（誕生日会なんて始めたら、お金がなくなる負の連鎖。抜けるのも難しいですよね。プレゼント代も際限なく増えていきますから……）。

あなたのまわりにも、同じくらいの給料のはずなのに、いつもおいしいものを食べている人がいませんか？

「実家がお金持ちなのかな？」などと思うかもしれませんが、実情は貧乏スパイラルに陥っていると思って間違いないでしょう。

テレビでは相変わらずダイエット特集が人気です。テレビショッピングでは、やせると謳ったサプリメントや器具があふれています。高いお金を払っておいしいものを食べて↓体重が増えて↓お金を払ってやせて↓またおいしいものを食べる……。なんだか、おいしいものに対して二重払いをしているような感じです。

古代ローマ帝国が栄えていたころ、おいしいものを食べたあと無理やり吐いて、また食べるということをしていたそうです。こんな生活がローマ帝国の滅亡につながったのではないかとも言われています。まるで今の日本のグルメブームに通じるところがありますよね。

おいしいものを食べたいというのは、お金を稼ぐ大きなモチベーションとなります。大したお金も稼いでいないのに、おいしいものを食べ続けているのは、自らお金持ちになるモチベーションを損なっているようなものです。

あるお金持ちは、子どもを寿司屋に連れて行っても決してトロを食べさせないと言っています。「寿司のトロは自分で稼いだお金で食べてみろ」と教えるのです。このお金持ちは、「おいしい」がいかにお金を稼ぐモチベーションになるかを知っているのですね。

お金持ちは、「おいしい」の魔力と同時にその魔力も知っています。

「おいしい」の魔力とは、そこにお金がまとわりつくこと。おいしい生活を続けていると、そこからお金の無駄が生まれることを知っています。それと、「おいしい」を続けると健康を損なうことも知っています。

処方箋 ¥

おいしい外食は、ほどほどに

質素な食事のなかで、ときどきおいしいものを食べるから、喜びや幸福を感じるのだと分かっているのです。何代も続くお金持ちの食事は質素です。いや、質素を良しとしているから長く続くのです。まるでお祝いの席のような豪華でおいしい食事はときたまでいい。そう考えるのです。

おいしい外食が当たり前になってきたと感じたら、それはゆっくり貧乏への道を下っていると思いましょう。

だからといって、家庭の料理をまずくしなさいと言っているわけではないですよ。あくまでも「おいしい外食」の話です。

14

汚れていても気にしない貧乏人
きれい好きなお金持ち

先日、創業50年になるラーメン店に仕事の打合せに行きました。その次の日にはここ10年で売り上げが伸びている食品会社で企画の打合せ。

どちらも大切にしていることが共通していることに、心を打たれました。

それは、掃除。

老舗のラーメン店のオーナーに尋ねました。

「長くお店が続いている秘訣は何ですか？」

「それは、お店をきれいに保つことです」

たしかに床はすみずみまできれいに磨き上げられ、材料のカスすらどこにも落ちていませんでした。トイレ掃除は店主自ら行うそうです。

さらに店主は続けます。

「とにかく単純なことを続けるだけです」

単純なことを続けるって、簡単そうで難しいですよね。老舗の店主の言葉に、改めて掃除の大切さを学びました。

次に伺った大手の食品会社も、掃除を徹底することで伸びた企業です。工場だけでなく、屋外も社員が掃除を行っています。広い床を丁寧に雑巾で拭いている姿が印象的でした。発酵食品を扱う会社だったので、空気中に存在する菌のためにも掃除は大切だと、どの社員も口を揃えて言っていました。

掃除について思い出した話があります。あるスポーツ選手が、大学時代に監督からトイレ掃除を命じられたそうです。もちろん、監督命令だから一生懸命やったのですが、結果は大目玉。トイレの目に見えない部分（水が出てくる返しのところ）が少しもきれいになっていなかったからです。

「見えないところをきれいにするのが掃除だ」と監督に諭されたそうです。

ここでは、整理整頓ではなく掃除について書いています。雑然としたものを整理し、掃除をする。掃除は、清掃とも呼ばれます。清の字は清める。その場所を清め、悪いものを取り除くということです。
掃除と心を結びつけるのは日本人特有だと思いますが、パナソニック創業者であり経営の神様と言われた松下幸之助氏をはじめ、多くの名経営者は、掃除は心を磨くことに通じ、売り上げ向上につながることを知っていたからこそ、掃除を厳しく指導されたのでしょう。

お金には、どうも意思というか心があるようです。人格（お金だから金格？）もあります。単なる無機質な物質ではありません。もしくは、人がお金に生命を吹き込むのかもしれません。

お金に心がある、と信じてみる。ここに、お金を引き寄せる鍵があります。もちろん、お金が離れていく、つまり貧乏になる原因を知ることにもつながります。

心のあるお金は、人間と同じくきれいなところが気持ちいいらしい。心のあるお金は、気持ちがいいところに集まるのです。逆に、汚れたところは居心地が悪いのか離れていくようです。

掃除の行き届いていないところは人も居心地が悪いですよね。もちろん、見た目も悪いし、臭いもすれば嗅覚的にも嫌だし、汚いところに触れると触覚的にも気持ち悪い。つまり、人の感覚として我慢できなくなるんですね。

風水でも、部屋がきれいであることは、お金を呼び込むために大切だとされています。特に水回りをきれいにすることは大切にしています。

風水も、日本の経営者も、ラーメン店の店主も、教えるのは掃除の大切さ。

掃き清める掃除。なんだか最近うまくいかない、お金が貯まらないと感じたら、あなたの部屋やデスクを掃き清め、悪い空気を掃き除く、掃除をしてみませんか。運とお金が寄って来るはずですよ。

処方箋 ¥

掃除でお金を引き寄せましょう

15

夢を生きる貧乏人
夢を活かすお金持ち

「夢」っていい言葉ですよね。

小学生のころ、あなたの夢は何ですかと聞かれたことがあるでしょう。男の子なら、「野球選手」「警察官」、女の子だったら「花屋さん」「ケーキ屋さん」などと答えていたのではないでしょうか。

「夢」に向かって一生懸命努力している人は魅力的です。私たちは、自分の夢を実現した人に強いあこがれを抱きます。「夢を叶える方法」といったタイトルの本もよく見かけます。つまり、よく見かけるということは、それだけ多くの人が自分の夢を実現したいと思っているのでしょう。

一方夢は、当たり前ですが現実ではありません。人の心の中にあるイメージです。このイメージというのは曲者です。いわゆる、バーチャルリアリティ＝仮想現実。夢の中にいると、まるで現実の世界にいるような錯覚におちいります。

また、夢のすごいところであり、怖いところは、夢の世界にまわりが引きずり込まれていくことです。

会社の先輩と飲みに行くと「俺が社長だったら、もっとがんがん攻めていくんだけどな。社長は、戦略がないからダメだ」なんて、会社の悪口で盛り上がることはありませんか？これもある意味、夢の世界。ドラえもんの道具に「もしもボックス」というのがありますが、サラリーマンの飲み会は、まさに「もしも」の世界でいっぱいです。「もしも部長だったら」「もしも俺が社長だったら」といった会話で夜が更けていきます。

先輩の「もしも」の夢の世界に引きずり込まれて、いつのまにか「もしも先輩が社長だったら」の世界の住人になっていってしまうのです。こうなるとなかなか抜け出せない。

「もしも」の会話は、夢と同じです。現実味が薄いという点で……。

夢に向かって生きる人に私たちはあこがれます。でも、夢に向かって生きる人と夢に生きる人は違います。貧乏になる人は、現実から逃げるために夢の中に生きます。まるで、そこに住んでいるかのように。

脳は、夢と現実の区別ができないといわれます。夢は心地よく人を酔わせます。「宝くじに当たったら家を買おう」「好きな趣味を仕事にして独立しよう」。あなた自身もこんな夢の世界の中に生きていませんか？　もしかして、会社の仲間と「もしもの世界」に身をゆだねていませんか？

夢には力があります。

貧乏な人は、夢の力の心地よさの部分だけで満足しているにすぎません。もちろんお金持ちになる人も夢を見ます。いや、夢こそがお金持ちになる原点なのです。

では、貧乏になる人とお金持ちになる人は、夢の力の使い方にどのような違いがあるのでしょうか。

私の先輩のOさんも、お金持ちになることを夢見ていた一人です。具体的には不動産経営を行い、会社を辞めて自由に生きたいという夢をもっていました。私にも、不動産経営の素晴らしさをよく話してくれました。

でも、実際はOさんはマンションやアパートを持つことなく、会社の早期退職＝リストラに応じて、今は次の職を探しています。

私も不動産で、定期的な収入を得ることを夢見た一人です。そして、実際に他にはないような内容でマンション経営を実現しました。先輩と私を分けたものは何だったのでしょうか？　それは、先輩の会話の中にヒントがありました。

先輩が話していたこと。それは、不動産経営の素晴らしさばかりでした。その会話には、不動産経営を実現するための具体的な方法は何も語られていなかったのです。つまり、Oさんは、不動産経営に成功してお金持ちになる道のりが頭に描けていなかったのです。

同じ夢を見て、貧乏とお金持ちを分けるものは何か？　それは、夢と現実を階段でつなぐことができるかどうかです。つまり、**夢に到達する道のりを具体的に描けるかどうかが貧乏とお金持ちを分けるのです。**成功する人は夢に向かう階段も描いてから動きます。

「人間が想像できることは、人間が必ず実現できる」という言葉があります。

お金持ちになるという夢の世界。それは、必ず実現できます。ただし、その夢に至る階段も併せて想像することが大切です。夢の中に生きないで、夢を活かしてお金持ちの階段を上がっていきましょう。

処方箋 ¥

夢と現実を想像の階段でつなぎましょう

16

情報いっぱいの貧乏人
情報を選ぶお金持ち

テレビでは、あまり知られていないことを教えてくれるクイズ番組などがたくさん放送されていますよね。九州の隠れ家的ラーメン屋さんや山奥にあるパン屋さんを訪ねる情報番組もそうです。人は自分が知らないことを知ることに快感を覚えるのでしょう。

インターネットは、人の知りたい欲求にすぐに応えてくれます。まさに星の数ほど、いやおそらく星の数も超えるくらいの勢いでいろんな情報があふれています。

あなたのまわりにもいませんか？　政治・経済から芸能、職場や友達のうわさまで何かと詳しい人。一見頭が良さそうに見えるけど、でもなぜか仕事ができないし、お金にも縁がないタイプの人。

私の知人のMさんもそんなタイプの人でした。政治の話をしては、まるで評論家のように分析するし、アイドルや女優、アナウンサーのことも詳しい。共通の知人のうわさ話も本当によく知っています。冷静に話す口調と司法書士という職業から、なんだかしっかりしていて頼りになりそうです。

そういうわけで、ある会のとりまとめをMさんに任せたのですが、実際は……。

Mさんはできない。実にできない人でした。

他の人に仕事をふるだけで、あとは評論家のように他の人のやることを批評するだけ。会のほかのメンバーからは不満たらたら。Mさんも、そんな雰囲気を察したのか途中から会に参加しなくなりました。

後から聞くと、今では自分の事務所もたたんで、他の事務所の雇われ司法書士をやっているそうです。多くの司法書士が事業拡大している中で、なぜあれほどの情報が頭の中にあったMさんが、時代の流れを読めなかったのでしょうか？　私は、Mさんの頭の中に、貧乏になる人の特徴が出ていると思いました。

頭の中は一つの本棚です。

貧乏になる人の頭の中の本棚はどんな状態でしょう？　おそらく、インターネットの情報や友達のうわさ話が乱雑に置かれ、まとまりのない状態ではないかと思います。まるで、A4用紙に印刷された情報が散乱しているかのように、どこに何があるかわからない。しかも、

SNSをやるたびにうわさ話の情報が積み重なり、まさに収集がつかなくなっているのかもしれません。部屋や机の上なら乱雑な状態に気がつくかもしれません。でも、頭の中は目に見えませんよね。散乱した情報で頭がいっぱいになっていたとしても……。先ほどのMさんの頭の中はこんな状態だったのでしょう。

情報は力です。お金持ちと貧乏人との違いは、情報量にあるという人もいます。その情報とは、お金に直結しているのかどうかが重要です。友達のうわさ話、検索すればわかる芸能情報なんて、どんなに量があっても力にならない。つまりお金に結びつかないのです。

一方、成功する人、お金持ちの頭の中の本棚はどうなっているのでしょう?

参考になるのは、元首相の田中角栄氏の話です。コンピューター付きブルドーザーの異名をとり、大胆な政策を実行した田中元首相が、ゴルフを始めたときのこと。秘書に「ゴルフの本を1貫目（3・75kg）買ってこい」と命じ、すべて読み終え、いきなりプレーすると見事なスコアーだったそうです。

ここに、お金持ちと貧乏人をわけるポイントがあります。

つまり**情報を頭に入れるときに系統立てているかどうかなのです。**趣味でもいいし、仕事でもいい。ある分野に絞ってまとまった知識量のある人は、お金に結びつきやすいのです。

特定の分野に関して、しっかりした考えができる。そんな分野をつくることを意識して情報収集してみてください。ネットサーフィンでなんとなく情報を集めても、よほどのことがない限り、お金には結びつかないのです。ただただ、情報がありすぎてあなたの頭と心が混乱するのがオチでしょう。

先ほどの田中元首相の頭の中は、ゴルフだけではありません、さまざまな分野の事柄が系統立てて頭の中にあったからこそ成功できたのでしょう。

一度、あなたの頭の中の本棚を想像してみてください。SNSやインターネット検索、テレビで知った情報であふれていませんか？　そうであるなら、一度がっちりある分野のことについてまとまった情報をならべてみませんか。

この本を読んでいる人なら、お金に関することを意識しながら頭の中の本棚を一度整理して、強化してみてはどうでしょうか。

処方箋

¥

うわさ話や、インターネット情報を頭の中の本棚に積み重ねていかないないようにしましょう

17

友達の多い貧乏人
友達の少ないお金持ち

貧乏な人というと、友達もいなくて寂しい印象があるかもしれません。実は、そうではありません。

ここでは、**サラリーマンやOLで、ちょっと間違えば貧困の谷に落ちかねない人、そして老後までずっとお金に悩むことになる人のことについて、書きたいと思います。**

この手の貧乏な人には、明るく見た目にも社交的な人が多い。つきあいもいいし、性格もいいので周りの評判も悪くないという人が多いです。そんな感じだから、友達同士の会や地域の活動などでもまとめ役になりがちです。会社でいえば、係長や課長、グループリーダーで、部下からも嫌われず、仕事もそこそこといったタイプの人です。

私の知人のYさんは、誰とでもすぐに友達になれるタイプ。飲み会があればどこにでもかけつけます。この人柄が好まれたのでしょう、地方の金融機関で働くYさんは、30代までは、同期の中で一番早く課長になったりと順調なサラリーマン生活を送っていました。60歳近くになっても、明るい性格もあって、ときには飛行機を使って飲み会に参加するなど友達を大切にする姿勢は変わりません。でも、明るい人柄だけでは社内の出世競争は勝ち抜けなかったのでしょう、今は同期に抜かれ間もなく定年です。

社内の出世競争なんて、彼の性格からすればどうでもいいことだったのかもしれません。それより、彼の現在の切実な悩みは、老後の蓄えがないことです。

つきあいの良さがあだになり、貯金がないのは当然でしょう。それでも、老後の貧乏を心配しながら、今も友達との飲み会に明け暮れています。ちなみに彼が今一番恐れているのは、退職と同時に言われるかもしれない妻からの離婚の申し出だそうです。もしかすると、自分自身の心の寂しさを紛らわすために多くの友達との交流を続けているのかもしれません。

また、社長業よりも、経営者の会に参加することに一生懸命になって会社を傾けた人も知っています。

こういったタイプの人が、よく口にする言葉があります。「人脈」です。

仕事をするうえで人脈は大きな武器になるということで、いろいろな会合に出ては名刺を配り人脈を広げたつもりになっています。では、名刺を配った人や飲み会で知り合った人が、仕事で大きな力となるのでしょうか？

私も、たまたま知り合った人から仕事の相談を受けることがありますが、そのほとんどが通常の価格より安くできないかとの申し出です。新規の取引先ができることはありがたい。でも、相手が期待しているのは、知り合ったから「安く」できないかという期待です。これでは、長いつきあいはなかなか成立しません。

成功した経営者に話を聞くと、その中にまさに盟友ともいうべき、友達の話が必ず出てきます。その友達がいなくては、成功はなかったというような人です。それは、取引先の相手だったり、ときにはライバル会社の社長だったりしますが、真の友達を必ず得ているものです。このように成功する経営者は、仕事を通して人脈をつくっていきます。

こうした人物は顔が広いし、人脈も豊富。電話一本で、簡単に大きな仕事を成立させます。「頼みます」の一言で、数千万、億の単位の仕事が成立するのです。そういうと、「やっぱり人脈だなー」と思うかもしれませんが、自分の実力で真の人脈・友情を成立させた人と、人脈を広げることに一生懸命な人とはその質が違います。

真珠は小さな核から、少しずつ大きくなり固く美しい丸い真珠の珠《たま》となります。成功した人の人脈のつくり方は、まさにこのような感じです。信頼という核を中心に固いつながりをつくっていきます。

一方、名刺配りで人脈を広げる人は、雪のかたまりを転がして雪だるまをつくるようなもの。白く大きな球ですが、熱に弱くもろい。これでは、いざというときに何にも役に立たない人脈づくりです。

私は、友達をつくるなとか、知り合いを増やすなとか言っているのではありません。

ただ、友達を増やすことや知り合いが多いことを目的にしてはいけないと言いたいのです。

貧乏な人は、友達の多さで心をまぎらわせ、しかも、その友達とのつきあいでお金がどんどん減っていきます。せいぜい、結婚式に呼ばれる友達の一人としてご祝儀貧乏になるのが関の山という感じでしょう。

信頼を軸にしっかりとした関係を築く。これが、いざというときに本当にあなたを助ける友情・人脈なのです。

処方箋
¥

人脈を広げることを目的にしないようにしよう

18

まじめな貧乏人 ふまじめにまじめなお金持ち

「毎日漁に出る漁師と、ときどき漁に出る漁師。どちらが偉いと思う？」

小学生のころ、リビングで父に話しかけられました。

当時は宿題しなさい、歯を磨きなさい、などと毎日毎日続けることが大切だと学校でも母親からも言われていたものです。そんな小学生だからもちろん「毎日漁に出る漁師でしょう」と答えました。

ところが父の答えは、「だから、お前はダメなんだよ」と小学生相手に本気モード。

「いいか、毎日行くのはできない漁師。優秀な漁師は、風や波を読んで、魚が獲れるときに出るんだよ」

つまり頭を使って、しっかりチャンスを逃さず生きろ、まじめにコツコツやるだけでは、世の中勝ち抜けないというメッセージを父なりに伝えたかったのでしょう。

この父の教えは私の生き方にずいぶん大きな影響を与えました。

学校は、学問を教えると同時に、将来の労働者として時間厳守などのしつけを施す場所だともいわれます。決められた時間に学校に行き、時間割通りに動き、先生の命令を守る訓練は、まさに経営者が求める「まじめ」な労働者そのものです。

だからと言って、「とんでもないことだ、もっと自主性を重んじるような教育に変えないと」と言うつもりはありません。社会秩序を保つためのしつけは必要ですし、世界に誇る日本人の礼儀正しさを身につけるのに学校が与える影響は大きいと思います。

でも、日本の経済が縮んでいくなかで、「まじめ」に生活しているだけでは、あなたの家計も縮んでいくだけです。かつて、１９６０年代のころの高度経済成長と言われた時代は、社会の経済の伸びに合わせて個人の所得もどんどん上がっていきました。経済が右肩上がりの時代では、まじめさは報われました。まじめに働いたら、働いただけ給料が上がるのですから。

しかし、経済が縮んでいる時代にまじめさはなかなか報われません。もちろん、まじめに働けば会社を辞めさせられることはないでしょう。だからといって、まじめに働いた分だけあなたにリターンがあるかというと、それは難しいといわざるを得ません。

では、まじめが報われない、まじめなだけでは少しずつ貧乏になる時代にどう生きればいいのでしょう？　それは、「ふまじめ」にまじめになることです。

私は、会社では壁を背にして、上司からも相手にされない自称「壁際社員」でした。それなりに仕事はしていたつもりでしたが、上司からは疎まれ、これ以上まじめにしても、出世も給料が上がることもない状態でした。そこで、思い出したのが父の教えです。

「毎日漁に出るものではない。風と波を読み、魚が獲れるときに漁に行け」

私は、社会の風と波を読み、何で稼ぐことができるのか必死で探しました。自分の力、現状なども分析しながら魚の獲れる場所、タイミングを見極めた結果、不動産ビジネスに参加してうまく魚を獲ることに成功したのです。

ただまじめに会社の中だけで働いていたら、精神的にも経済的にもつぶれていたでしょう。会社からすれば、私にまじめに働くことだけを望んだでしょう。**でも私は、会社から見たら「ふまじめ」な副業で経済的に自立することができたのです。**

処方箋

¥

まじめで息詰まったら
ふまじめの道を探りましょう

今、まじめに生きることで息詰まっている人を多く見かけます。働いても働いても生活が楽にならない。

「まじめに生きているのに、どうしてうまくいかないんだろう?」

そう思ったときがチャンスです。あなたの「まじめ」は会社にとってだけのまじめじゃないですか?

一見ふまじめに見える、副業やネット通販。これまで、なんだかなーと思っていたことに挑戦してみませんか。あなたのそのまじめを、一見「ふまじめ」なことに活かしてみる。そこにお金が集まってくるのです。

19
信用する貧乏人 信用しないお金持ち

ある経営者の方が中学生のころ、父親から近所に住む知人に7万円持って行ってくれとお金を渡されたそうです。

渡されたときにさりげなく数えると1枚足りない。「あれ、1万円足りない」と言うと彼の父親がすかさず、「さすがだ。お金のことは家族でも信用するな」と言って、隠していた1万円を取り出したそうです。

なんでも、その父親が若いころ、お客さんから預かった売り上げをそのまま経理に渡したところ、後からお金が足りないと連絡があり、結果かなりの額を弁償しなければならなかったそうです。「預かるとき、あるいは、渡すとき、確認すればよかった」。

どんな相手でもお金に関しては信用してはいけないと、その父親はそのとき心に決めたそうです。

お金のことは家族でも信用しない。

19
信用する貧乏人　信用しないお金持ち

家族も信用しないなんて悲しいと思うかもしれませんが、信用してお金のことをあいまいにしているから起こる問題もたくさんあります。

私の家は、本当に仲のいい家族でした。よく笑う、笑顔の絶えない家が、兄の事業が傾いてきたころから一変します。父や母が借金の保証人になり、私も兄の借金の一部を保証することになったからです。

家族のことだから信用する。といっても、今から思えば、兄の会社の状態を知らないで保証人に立つことこそが無責任でした。親しいからこそ、お金に関しては内容をお互いに確認するのも礼儀ではないかと今では思っています。「親しき中にも礼儀あり」の精神です。

現在では、銀行は建前上保証人に頼らずに、お金を貸すことになっていますが、それでも自ら申し出たという形にして、巧みに保証人にさせたりします。日本人らしい家族の強いきずな、断れない性格を巧妙に利用した制度です。

怒られるかもしれませんが、保証人制度と似ているのが、いわゆる「オレオレ詐欺」です。こちらも、日本人の家族の仲の良さをうまく利用したものです（こちらは犯罪なので大きな違いはありますが）。

私も保証人になったときは、銀行の方からも兄からも、内容をほとんど聞かされず、銀行の一室で「ここに印鑑を押して、署名をいただければ大丈夫です。これで、お兄さんの会社にも融資ができます」と笑顔で言われて印鑑を押したためにたいへんな目にあいました。ただし、社会では印鑑を押したほうが悪いのです。だからこそ、しっかり内容を確認して、すぐに信用しないことが大切なのです。

私は、多くのデザイナーの方と仕事をする機会があります。人気稼業ですから、売れなくなってデザインの仕事から離れてしまう人も多いのが現状です。一方で、仕事をひろげ社員まで雇うような人もいます。

その差は、もちろん才能の差もありますが、実はお金の問題が大きいのです。ダメになるタイプのデザイナーは、仕事を受けるときにお金のことをあやふやにします。「終わってから決めましょう」という感じで、終わったあとにお金の多い少ないでもめたり、なかには発注者から、「今回はこれだけで。次多く払うから」と丸めこまれて、結局は食べていけなくなって仕事を辞めざるを得ない人も多いのです。

一方、成功するデザイナーは、お金のことをしっかり決めてから仕事をします。そうしたほうが、最終的に長い信頼関係を築けることを知っているからです。信頼しているからこそ仕事は受けますが、お金に関しては信用しすぎないことで、金銭的ダメージやストレスを受けないようにしているのです。

信頼すれども信用せず。

これは、経営の基本だと言われています。社員に仕事を任せるときは、信頼して任せるけど、任せっぱなしにしない。最悪の事態などを考えて手を打っておかなければならないという考えです。

稲盛和夫氏は、会社の経理は「信頼して信用しない」のが大切だと著書の中で述べています。お金を扱う部門は、お金の使い込みなど、信用しすぎていたために社員を犯罪者にしてしまうおそれがあるからだというのです。

お金のことは家族でも信用しない。これは、家族を疑えということではなく、長くいい人間関係を築くために必要なことなんですね。

処方箋

お金のことは家族でも信用しすぎないようにしましょう

20

財布の厚い貧乏人 財布の薄いお金持ち

とあるなじみの居酒屋のカウンターで、友人と飲んでいたときのこと。隣の席では老紳士が飲んでいました。しばらくして、老紳士は「会計を」ということで財布からお金をとり出しました。

ぱっと目に入った（覗くつもりなんてなかったのですが）財布の中は、きっちり見事にお金が整列しています。お金の行儀の良さに驚いて、老紳士が帰ったあと店主に「どなた？」と聞くと、とても有名な会社の社長さんでした。やはり、お金はこのような人のところにいくのだと思ったものです。

「お金は生きている」と感じた体験があります。

私が中学生のころ、祖母にお小遣いとして千円札5枚をもらったときのことです。袋に入れずにわたされたそのお金を、私は無造作に二つ折りにしてポケットに入れて家まで歩いて

20
財布の厚い貧乏人　財布の薄いお金持ち

帰っていると、ポケットからポロリと5枚のお札が落ちました。その日は風の強い日。慌てて拾おうとしたのですが、二つに折られた5枚のお札は、飛ばされていく……のではなく、まるで生きているように立ったままトコトコかけていきました。

そして、そのまま遠くに消えていったのです。本当に。懸命に探しましたが1枚も見つかりませんでした。左右に体を揺らしながら走って逃げていったさまは、「雑に扱うといなくなるよ」ということを、お金が身をもって私に教えてくれたのだと思っています。

財布は、この生きているお金とどのようにつきあっているのかが最もよくでると思います。

貧乏な人の財布に多いのは、全体がヨレヨレで角のところが折れていたり、表の革や布がすれているといった感じのものです。女性は、派手な装飾をつけたり、なかにはプリクラの写真を貼っている人も見かけます。

そして、財布の中。とにかくレシートや領収書、「餃子サービス」なんていうお店のサービス券の中にお札が埋もれている人が多い。さらに、クレジットカードやポイントカードがいっぱいで、財布が厚く膨らんでいます。

こういった人って、飲み会で精算するときに、「あれ、1万円入っていたはずなのにない。ごめんお金貸して」と言いだすことが多い。わざとじゃなくて、財布にお金がいくら入っているのか知らないのです。つまり、お金の管理能力ゼロ！

こういう人はお金とのつきあい方がいい加減なのです。もしあなたがお金なら、こんな雑な扱いを受けたらその人とつきあっていきたいと思いますか？

さらに、レシートや領収書がいっぱいという人は、今月いくら使ったのか分からないはずです。毎月、給料日前になると、「お金がない」と言いだす人の財布はまさにこんな感じに違いありません。

会社に出すべき領収書も混ざっていて、気づいたときには経理に出すタイミングを逃してお金をもらえなかった、なんてことにもなりかねません。だいたい、会社に出す領収書がクチャクチャな人は、お金と縁がないと思っていいでしょう。領収書＝お金ですから。そんな扱いをされたら、お金も逃げたくなるはずです。

貧乏な人の財布の中で最近幅を利かせているのが、クレジットカードとポイントカード。どちらもポイントがついてお得ということで、勧められるたびにつくっていませんか？

ポイントを賢く貯めてマイルに換えて、旅行に行く人が私のまわりにもいます。こういう人は、お金の管理がしっかりしている人なんです。お店のレジで、「ポイントカードあったはずなんだけど」なんていいながら、財布の中を探しはじめ、後ろに並んでいる人に迷惑をかけているような人は、ポイントカードを使うのをやめたほうがいい。賢くカードを利用しているようで、賢い会社に利用されているだけですから。

一方、お金持ちの財布は、長財布だろうが二つ折りだろうが、中がいたってシンプルで、しかも薄い。揃えられたお札と数枚のカードといった構成です。気持ちの良い部屋のような感じで、きっとお金も心地がいいに違いありません。

財布は、あなたのお金に対する気持ちが最も表れるものです。財布を扱う習慣を変えると、きっとあなたとお金のつきあいも変わるはずです。たかが財布、ではありません。貧乏とお金持ちを分ける出発点が財布なのです。お金の気持ちになって、財布を扱う習慣をはじめてみませんか。

処方箋
¥

財布は、あなたとお金を結ぶ出発点。余計なものを捨ててお札をきれいに揃えましょう

21

「どうにかなる」貧乏人 「どうにかする」お金持ち

「あとは天に任せた」というセリフを、時代劇やヒーローもののアニメなどで耳にします。全力を尽くし、あとは天に自らの運命を任せる。もちろん主人公だから最後は必ずうまくいくのですが、見ているほうはハラハラドキドキするものです。天＝神様に自分の運命を任せる。この行為は、なんてすがすがしいのでしょう。

お金に縁がない人もよく、自分の運命を天に任せます。「どうにかなる」という言葉と一緒に。天に任せてうまくいくのは努力した人だけなのに、「どうにかなる」の言葉で努力を尽くさない人をよく見かけます。

この「どうにかなる」の言葉は、毎月の家計のやりくりのときに影響が出ます。

今月も残り10日。お金もそろそろなくなってきた。そんなときに限って、友達から飲み会の誘いがきます。断りたいけど、楽しそうだから断れない。こんなとき貧乏さんは、こう思います。「どうにかなる」と。

そして、飲みに行く。月末に足りなくなったお金は、親に借りたり、友達に借りたりして、「どうにかなる」。これで一安心といった感じです。

この「どうにかなる」を積み重ねると友人や家族とお金をめぐるトラブルが起こったり、しまいには自己破産なんてことにもなりかねません。

あなたのまわりで、金銭トラブルを起こした人って、明るい性格の人が多くありません？人づきあいがよくて、前向きな感じで。おそらくその人の明るさを支えていたのは「どうにかなる」という言葉だったのでしょう。

「どうにかなる」と思う人をますますダメにするのが、キャッシング。特にリボ払い。私も、個人の借金が500万円近くになったときに利用しましたが、最初は本当に便利です。借りるのも簡単だし、リボ払いにすれば月々1万円といった感じで、精神的プレッシャーもあまり感じません。

でも、このカードによるキャッシングで「どうにかなる」と思っていたら、ある日来るんです。カードをいつものように入れてキャッシング。すると、「これ以上借りられない」との知らせが。あわてて、別のカードでキャッシング。もうこうなったら、よほどのことでもしない限り返せないでしょう。

「どうにかなる」の積み重ねの結果はとても恐ろしいことになります。

では、お金持ちになる人はどのように考えるのでしょう。

たとえば、生活費が足りなくなりそうなときに、飲みに誘われたとします。断っていい、いつでも飲める相手なら断る。有意義でこの機会は飲みに行くべきだとしたら、飲みに行くが、その他の生活費を給料日まで思いっきり削るなどの努力をして、無駄な借金を可能な限り避けます。友人に借りたとしてもすぐに返済。翌月には通常の家計に戻します。

そこにある言葉は「どうにかなる」ではなく「どうにかする」です。「な」と「す」、たった一文字の違いですが、そこには大きな違いがあり、その後の行動に違いを生むのです。

どうにかなる　↓　金銭のことを他に任せる　↓　貧乏の坂を転げる
どうにかする　↓　金銭のことは自分で解決　↓　金持ちのステップを上がる

お金のことに関しては、この「どうにかする」気持ちが大切です。人生、誰もが大きなこと、小さなこと、必ずお金に関するトラブルやピンチに見舞われます。そのときに、自分で解決する道を考える「どうにかする」という気持ちが運を切り開きます。「どうにかする」

という行動の先にこそピンチのときに「どうにかなる」という形で、神様が助けてくれるのです。

最初から、「どうにかなる」とお金を気軽に借りる人には、神様は降りてきません。本当に「どうにもならなくなる」のは目に見えています。

私も、お金を安易に借りて「どうにかなる」と解決を先延ばしにしていたときは、言葉では「どうにかなる」と言いながらも、心の中は不安でいっぱいでした。でも、これ以上借金できなくなって、「どうにかする。自分が解決する」と決めたときから、自分の運命は良くなってきました。「どうにかなる」で増えた借金を「どうにかする」で返済し、お金が入るシステムを手に入れることができたのです。

処方箋 ¥

「どうにかなる」ではどうにもならない。お金は「どうにかする」で寄ってきます

22

過去にこだわる貧乏人
未来にこだわるお金持ち

おじいさんと話をしていると、昔の話がよく出てきます。

「俺の若いころは……」という言い回しは定番ですよね。

おじいさんだけではありません。あなたの会社の上司にもいませんか。「俺の若いころは……」なんて、もうお年寄りかい？　と突っ込みを入れたくなるような上司。しかも、同じ話の繰り返し。たまらないですね。若くても後輩相手に「俺が新入社員だったころは……」なんて同じ話や自慢話をする人がいたら、その人は出世できないと思って間違いありません。

話の方向性は、その人の興味の方向性です。昔の話が多い人は、興味が過去にしばられているのでしょう。人は自分の価値を他の人に認めてもらいたいという欲求があります。過去が輝いていた人、あるいは自分でもそこにしか価値を見出せない人は、そのころの話をする傾向があります。決して、それは話す相手のことを思ってではなく、単に自己満足にすぎません。
私の高校の同級生に、勉強もスポーツもできて、女の子にもモテる男がいました。ところが彼は、なぜだか大学受験に失敗。結果、第一志望ではなかった大学を卒業し、その後は職を転々としていたようです。その彼と久しぶりに会ったのですが、話は延々と高校時代の話。高校時代の彼女の話、スポーツ大会での本人の活躍……。自慢話のオンパレードでしたが、今の職のことを話さないのは、きっとうまくいっていないからでしょう。過去に頼るしかなかったのかもしれません。

貧乏になる人は過去の経験や実績に頼りがちです。つまり冒険を嫌うのです。

たとえば、江戸時代のように、経済環境が自然災害でもない限り変わらない時代だったら、お年寄りや先輩や親の言うことを聞いているだけでよかったかもしれません。でも、今は時代のスピードが違います。ほんの少し前までは、企業が創業してからなくなるまでのサイクルは30年と言われていましたが、今では10年とも言われています。
このような変化の早い時代に過去の常識は通用しません。貧乏になる人は過去の経験にしたがって最後にまさに「貧乏くじ」を引いてしまうのです。そうならないためにも、過去を疑ってみることが必要です。

お金持ちになるために疑ったほうがいい過去の常識として、貯蓄があげられます。私のまわりには、まるで親の遺言を守るかのように、お金を貯めるのは銀行に預けるだけと決めつけている人がいます。

銀行に預けていても利子はほとんどつかないうえに、インフレが進めばお金の価値は下がるにもかかわらず、過去の常識のまま情報がアップデートされていないのです。

お金を増やすためには、投資もやらないといけません。たとえば「確定拠出年金」なんてすごい仕組みがあるのに、利用しない。親の「投資なんて危険」という刷り込みにとらわれていたりするのです。過去の常識の中にいれば安心かもしれませんが、今の経済レベルから抜け出すのは難しいでしょう。

また、過去にとらわれて貧乏の坂を下るパターンとして土地があります。先祖代々の土地だったり、親が苦労して買った土地だったりと、土地には「過去の思い」がくっついているものです。

地方にいくと特に「土地にくっついた過去への思い」にしばられて売るタイミングを失ったり、土地を守るために生活を苦しくしたりしている人がたくさんいます。思いを大切にするのはすばらしい。でも、そういった情にしばられることで貧乏になることを、きっと先祖も親も望んでいないはずです。未来志向で、これからの子孫のためにどのように資産をつくっていくかを考えることが大切です。

お金持ちは、人口減少の流れを受け、これから値の下がる地方の土地を売って、都心の土地や株を買っています。資産を組み替える方法で、資産を守り増やします。お金持ちは、過去を未来志向で活かすのです。

お金持ちは、過去にしばられません。伸びている企業の経営者は、どんなに年を取ろうと将来のことや、これからの戦略をうれしそうに話します。

時代は、大きく、早く動いています。新しいものもすぐに古くなります。過去にしばられていたら少しずつ貧乏になる。そんな時代に生きていることを自覚して人生設計をしてみませんか。

処方箋 ¥

過去にしばられない生き方をしよう

23

お金が好きだと思う貧乏人
お金が好きなお金持ち

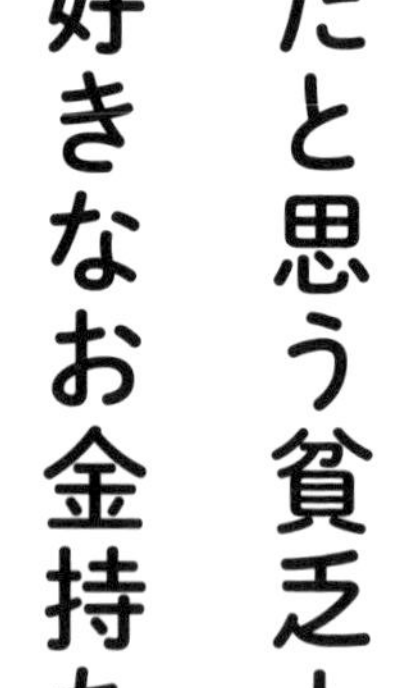

お金が好きだと人前で言うのは恥ずかしい。なんだか、欲張りみたいだし、なんだか、かっこ悪い。でも、ほとんどの人はお金のことが好きなはずです。でも、お金が好きだということは隠しています。

あなたは、お金が好きですか？

好きだと答えたあなたに質問です。1万円札、５０００円札、１０００円札に描かれている肖像はそれぞれ誰ですか？　この時点でわからない人が多い。それでは、1万円の裏には、何が描かれていますか？　ここまで答えられた人は、お金に高い関心があります。

答えられなかった人は、お金に無関心としか言えません。「好き」の反対は、「嫌い」ではなく「無関心」です。お金が好きだと言いつつ、お札に描かれている人を知らないようでは、とてもお金が好きだとは言えません。

こんなことを言うと、「いやいや、私はお札が好きなのではなく、お金の持つ力が好きなんです」と返す人がいます。

こんな答えをする人を見ると、「俺は、見た目の良さより性格のいい子を彼女にしたい」と常々言っていた高校時代の友人を思い出します。中身が大切と言いながら、彼自身はこれといって魅力的な性格でもなく面白味もない。外見も気にしていないし、気の利いた話もできないのです。これでは、彼女どころか、まわりの女の子は誰も寄ってきません。つまり、女性に好かれる努力を何一つしていないのに、女性にだけ条件を求めているのです。

貧乏の坂を下りる人も、この友人と同じです。お金が欲しいと思いながら、お金の外見も、お金の持つ性格もわかろうとしない。これでは、あなたが好きだと思っているお金は寄ってくるはずがありません。本当にお金が好きなら、外見はもとより、お金の持つ性格について、もっともっと勉強して、どうすれば好かれるかを考えるはずです。

貧乏になる人は、本当はどこかお金を嫌っているのかもしれません。

お金が本当に好きかどうか？　次の質問の答えでわかります。


宝くじで1億円当たったら何に使いますか？

「家を買う」とか「海外旅行に行く」とか「車を買う」とかいろんな答えが出てきます。

貧乏の坂を下る人は、この1億円をどのように使うかについて楽しそうに答えます。なかには、豪遊の前提として「まずは、会社を辞める」と答える人もいますが、1億円なんて、毎年1000万円使ってしまえば、10年で底をつきます。豪華な暮らしをしたらあっという間に消えてしまいます。

でも、この答えは、好きな女性を口説いて自分のものにしたとたんに捨てる悪い男と似ていませんか？　本当にお金が好きならせっかく自分のもとに来たお金をすぐに使うなんてことはしないはずです。

お金持ちは答えが違います。1億円の一部を預金。残りを分散投資。使うのは、そこで得た利益の一部だけです。決して元金には手をつけません。大切なお金と長くつきあっていくのです。

私は宝くじで3億円当たった人と話をしたことがありますが、当たった3億円には一切手をつけずに生活していました。**お金持ちとは、お金を持ち続けられる人です。**使えばどんどん離れていくお金の性格をよく知っている人だけが、お金持ちであり続けられるのです。

知り合いに、部品製造の会社を一代で大きくし、収益率では全国有数の会社に育て上げた社長がいます。その社長と話をしていたときのことです。

「うちにはいろんな部品検査の道具があって、細かい単位まで厚さを測れて実に面白い。1000円札や500円玉の厚さも測ってみたことがある。うちの社員に聞いたら、誰もやったことがないと言うんだ。あいつら、お金に何の興味もないのかな？」と言っていました。

当時は、面白い社長だなくらいにしか思っていませんでしたが、今考えると、あの社長は本当にお金が好きだったのです。好きだと言っても、決してケチではありません。私が出した企画にもきっちり、お金を出していただきました。しかし、納得いかないものにはたとえ100円でも出さないことで知られていました。大好きなお金を活かす。無駄にしないことを徹底していたのです。

お金の外見に興味があって、お金をどう使えばいいのかも知っている。こんな社長だから、収益率の高い儲かる会社をつくりあげられたのでしょう。お金はこういう人に寄ってくるのです。

処方箋
¥

お金の外見も性格も興味をもって好きになりましょう

24

永遠の時間に生きる貧乏人
限りある時間に生きるお金持ち

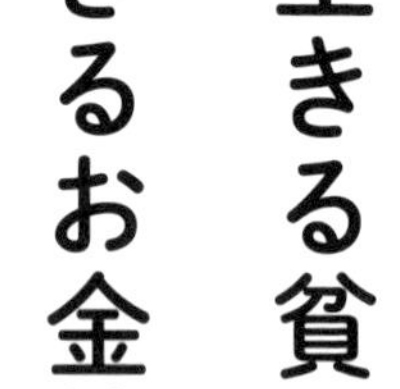

マージャンというゲームをご存じでしょうか。以前は、お金をかけてやるギャンブルという印象が強かったのですが、最近では、ゲームとしての面白さはもちろんのこと、人と人との心理的駆け引きの側面が強いことから、仕事や人生にも通じるものがあるということで若い人や経営者からも見直されています。私も学生時代にずいぶん熱中しました。

マージャンは、4人一組で点数を競います。役と呼ばれる上がり手があり、上がった人が点数を1人もしくは残り3人からもらいます。この役がいい手であればあるほど点数が高くなるので、誰もができるだけいい役で上がることを目指します。

ゲームは、テーブル中央に置かれた牌《パイ》（トランプでいえばカード）を4人が順番にとり、手持ちの13枚の牌を次々に変化させて役をつくっていきます。いい役をつくるには、時間がかかります。この役をつくりあげる考え方で、強い人と弱い人の差が出てくるのです。

マージャンは限られた牌での勝負です。

実はこの「限られた」というのがポイントなのです。マージャンの強い人は、この「限り」がよく分かっているから、他の3人との点差などを考え、上がりの役を決定するのに対し、弱い人は、いつまでも点数の高い役にこだわり負けていきます。もちろん、マージャンの強い弱いには他にもいくつもの複雑な要素があるのですが、弱い人に共通しているのは、限られた牌の中で勝負しているという認識が薄いことです。

マージャンが、限られた牌の中でできるだけ早く高い役をつくるのが勝負であるのと同じように、お金に関しては、**人生という「限られた時間」の中でできるだけ早く確実に資産をつくるのが勝負です。**なかなかお金持ちにならない人は、「時間が限られている」という感覚が鈍いように感じます。

「いつか見てろよ、俺だってやればできるんだ」と言いながら、その「いつか」がいつまでもこないのです。

マージャンでいつまでも高い役を追い続けるように、人生はいつまでも続くとカン違いしていたのは、かつての私でした。

でも、兄の会社の倒産で気づいたのです。「時間には限りがある」という事実に。

資産を築き、早くリタイアしたいというのが私の夢でした。でも、現実はただのサラリーマン。それでもいつかは資産を築けるだろうとのんきに思っていました。

保証人として多くの金融機関と向き合ったとき、自分が資産を築くチャンスは断たれた、貧乏の坂を転がるだけだと思ったとき、私が逆転を期してノートに記したのは、私がダメになるまでに残された時間と使えるわずかなお金でした。

交渉期限として金融機関が私に示したのはわずか半年。金融機関からは、自己破産を勧められました。ここで、気づいたのです。私にとって残された半年という時間は、実は金融機関にとっての残り時間とも同じだと。

ここからは、マージャンと一緒です。限られた牌での勝負。でも、今回は1人で5人（5つの金融機関）を相手にしなければなりません。しかも、相手はお金のプロばかり。私は交渉の前にいつも自分に言い聞かせました。

「相手は金融のプロといってもサラリーマン。絶対に無茶な手は打ってこない」

こちらは、負けたら家族も巻き込んでしまうから必死です。提出する資料の一言一言に注意を払い、心を込めて交渉しました。

限られた時間だったからこそ集中できました。結果、負債を大きく減らして解決することができました。もし、金融機関の言う通りにしていたら、実家を手放し、私は自己破産してどうにか暮らすのがやっとの状態だったかもしれません。

こうして急激に貧乏になることは免れました。けれでも、このままではゆっくり貧乏の坂を下っていくだけです。

今度は、人生の限られた時間内で資産をつくろうと決意したのです。手っ取り早く、コンビニのバイトを、なんて考えましたが、これではどんなに頑張っても大きな資産は築けそうにありません。ＦＸやデイトレーダーになって一発逆転大金持ち、なんてことも考えましたが、こちらも自分ではどうしようもない社会状況の中で何百億円、何千億円と投資するプロ軍団相手では難しい。

結果として、**「限られた時間×サラリーマンという信用」を組み合わせて、不動産投資という形で資産を築くことになったのです。**その後、その利益で株でも資産を築くことができました。

時間は限られている。この意識が大切です。限られた時間の中で、確実に高い収入を得る最大の手をぜひ打ってみてください。

処方箋 ¥

人生の時間は限られていることを意識してください

25

絵を見る貧乏人 絵を描くお金持ち

「絵に描いた餅」ということわざがあります。これは、絵に描いた餅は食べられないことから、役に立たないことを指します。でも、ネット時代はこの「絵に描いた餅」でも、上手だったり、味がある絵なら、お金になるかもしれません。

これまでは、「何これ？」と言っていたような作品でも、インターネットの発達した現在においてはお金になる可能性があります。

文字通り「絵に描いた餅」で立派なディナーが食べられる時代なのです。

ことわざが生まれた時代でも、現代でも、ダメな人・貧乏になる人は共通の考え方をします。人が言ったことややったことに対して、「それって、絵に描いた餅だよね」と、どや顔で言うのです。

いわゆるインテリ貧乏。インテリなんてクイズ番組で見る程度の言葉になってしまいましたが、そもそもはインテリジェンスを縮めた言葉で、知識ある高学歴な人を指す言葉です。

話を戻して、このインテリ貧乏、なんだかいい学校を出ているし、いろんなことを知っているけど、そのわりには会社でもあまり出世していないし、お金をいっぱい持っているふうでもない。でも、話を聞いていると立派なことを言う。こんなタイプのインテリ貧乏、あなたのまわりや会社にも1人や2人いませんか？

インテリ貧乏さんは、とにかく分析や批評は鋭いけど、実行力がない。お金に関しても、株や経済についていろいろ言うけど、本人はとくに何かをしているわけではないから徐々に貧乏になっていくタイプです。

絵を見て意見を言うだけで、自らは絵を描かない。趣味の世界では、絵画鑑賞なんて実にすばらしく、そんな趣味の人を「知的だな」と思うけど、ことにお金の世界では、「お金鑑賞」なんてよっぽどのお金持ちくらいしかありえません。**お金を増やすには自ら行動して生み出さないといけません。**

誰もが、このインテリ貧乏に陥りやすい危険をはらんでいます。お金儲けをしたいけど、実際に何かやるのは、怖い。知識が増えれば増えるほど、何をすればいいのか分からなくなります。

「絵に描いた餅」でも、今の時代は売れると書きました。ネットの世界には本当にいろいろなものが売り出されています。「こんなもの!?」と思っても、広い世界には、「こんなもの」が欲しい人がいるのです。家にある、いらなくなったものを売ってもいいかもしれません。

「いやいや、売れるようなものなんてないよ」という人は、自分の体験や知識をまとめて売ってもいいかもしれません。

こんなことを言うとすぐに、「そんな儲からないでしょ」と言いたがる人がいます。それこそ、「絵に描いた餅ですよ」と。

私の知り合いのYさんは、ネット広告会社の社長として従業員30人を雇い、自身は国内だけでなく、世界を飛び回っています。Yさんが会社を辞めた当時は、奥さんの稼ぎに頼る日々。本人は、ネットにある情報をまとめて売ったり、安く仕入れたものを販売していましたが、当初はわずかな売り上げしかありませんでした。

でも、そんなことを続けているうちに、あるときネットで儲かるコツというか、穴場を見つけ、どんどん売り上げを伸ばしていきました。彼の会社がどんどん大きくなる様子を近くで見ていたのですが、ある穴場を見つけてからは、あっというまに大きくなりました。

こんなことを書くと「そんな穴場は、そうないよ」という声が聞こえてきそうですが、Yさんは、とにかく絵を描いたのです。どんなにうまくなくても、絵を描いたからこそ、今の成功があるのです。その当時、インターネットで何かすれば儲かるというのは分かっていたけど、実際にやった人は私のまわりではほとんどいませんでした。でもYさんは、いろんな角度からネットで儲けることに挑戦し、そのなかで誰も手をつけていない穴場を発見したのです。

お金持ちになるには、情報を見てインプットしているだけではだめです。必ずアウトプットして形にしなければいけません。株をやってみたいなら、少額でいいから買ってみる。不動産をやるなら、勉強して相談して、銀行に融資の申し込みをしてみる。銀行の厳しい審査を受ければ、たとえ通らなくても、その経験はあなたがお金持ちになる過程では大きな財産になるはずです。

とにかく、絵を描いてみる。何でもアウトプットして形にしなければお金になりません。ながめて、あれこれ言うのは趣味の世界で十分です。お金持ちへの道に「見て終わり」はないのです。

処方箋 ¥

とにかく形にしましょう

26

家族との仲を大切にする貧乏人
家族との距離を大切にするお金持ち

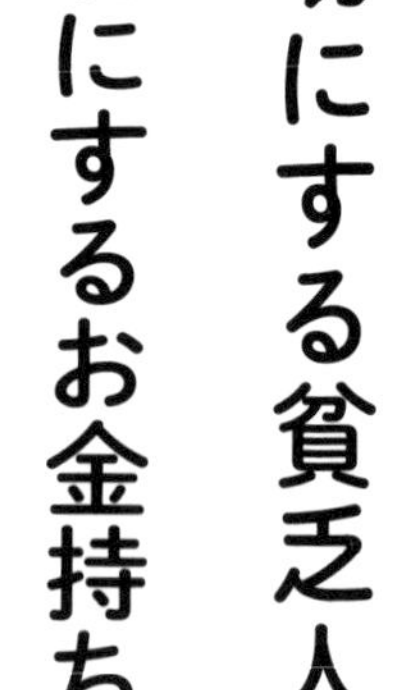

お金持ちのイメージの一つに、友達や家族にも相手にされず孤独という姿がよく描かれます。また、お金持ちの家では、遺産相続をめぐって家族がもめるなんて話もよく聞きます。最近では、「相続を争続にしない」といったような内容の本や雑誌の特集も見かけるようになりました。

一方、お金がなくても仲良く暮らす家族を、美しい家族の形として取り上げるテレビ番組を見かけます。家族の仲がいいのが一番ということで、番組は構成されています。こういったテレビ番組をよく見かけるのは、世間一般には、お金があるより家族仲がいいことが一番だという内容のほうが受けるからなのでしょう。

会社員で高い給料をもらっていても、貯金がほとんどない家庭があります。もちろん、住宅ローンが高いという理由もあるでしょうが、案外多いのが教育費の出費が多すぎてお金が貯まらないという家庭です。塾に水泳や英会話の習いごと、中学校から私立に通わせて、大学まで私立だったら、ほとんど貯金もできない。さらに悲惨なのが、40歳を過ぎてから結婚して、子どもが大学を卒業するころに自分は退職。結局、子どもの教育費にお金がかかりすぎて、自分の老後に向けての蓄えがなく、「老後破産」という現実が待ち受けているのです。

塾や習いごとに通わせ、私立のいい学校に行かせ、子どもの送り迎えに時間を割き、本当にお金も時間も子どものために費やしたのに、肝心の子どもは大学を卒業したら、家にも寄りつかないなんて話もよく聞きます。

こんなことを書いていると、これから結婚・子育てをしようと思っている人は、家庭を持つのは大変だと思うかもしれません。いえいえ、結婚・子育てって大変なところもあるけど、楽しいですよ。ただ、**家庭が楽しくあり続けるためには、お金の面で冷静な家族の距離感が大切だと言いたいのです。**

人にとって、幸せ・不幸せを左右する大きな要素に家族との関係があります。どんなに困っても家族が団結すれば大丈夫なんて言いますが、実際は、お金が左右することが多いのです。

やっぱり、お金がないと家族の間もぎくしゃくするし、問題も起こる。お金があるというのは、幸せを安定して支える大きな要素なのです。

家庭を築くとき、仲のいい家庭を目指すのは当然でしょう。でも、貧乏の坂を下りていく家庭は、この家族の仲の良さだけを目指し、家庭の幸せの基礎となっているお金についてあまり考えません。先ほど書いた教育費のこともそうです。一見すると、愛情いっぱいの親に見えるかもしれません。しかし、老後にお金がなく、子どもに頼る親を子はどう思うでしょうか？　それが、家族への愛情の結果だとしたら悲しい限りです。

夫婦の間だってそうです。私の知り合いの共働きの家庭は、おたがいがいくら稼いでいるかを知りませんでした。共通の口座に決まった額を入れ、あとの残りはそれぞれが自由に使っていました。

2人の子どもに恵まれ幸せな家庭に見えましたが、結婚10年目に夫に多額のローンがあることが発覚。妻に問い詰められたときに、実は妻も実家からお金を借りていることがわかったのです。それまでは、たがいにお金を貯めているのだろうと思っていたそうですが、まったく逆だったのです。

おたがいのお金について干渉しないのが、仲の良さにつながると信じていたのですが、それは違いました。それからは給料を一つの口座に入れ、それぞれお小遣い制にしてから、貯金がぐんぐん増えていったそうです。

一口に家族といっても、多数のつながりがあります。独身だったら、自分の両親や兄弟、

結婚していたら、配偶者や子ども、配偶者の両親とどんどん増えていきます。家族にまつわるお金は、教育費だけではありません。親が年をとってくると、介護の費用だって考えなくてはなりません。当然、将来的には相続なんてこともシビアに直面することになります。私は、知らなかった借金の相続で大変な目に遭いました。

家族だから、お金の心配をさせたくない。家族の仲がいいのが一番、お金は二の次。といった感じで、家庭でお金のことを話題にすることは少ないと思います。お金の話をすることで、家庭内をぎくしゃくさせたくないと思うかもしれません。

繰り返しますが、幸せな家庭を長く続けるには、お金の面での安定性が欠かせません。

それには、家族を冷静に見ること。くっつきすぎない適度な距離が必要なのです。「教育費には、いくらまでかける」「親の介護は誰が見て、いくらかかる」。家族のライフプランを冷静につくることが大切です。

ただ、愛している、仲がいいだけでは、貧乏の坂を滑り落ちていくかもしれませんよ。

処方箋 ¥

家族をお金の面からとらえてみましょう

27

5分遅い貧乏人 5分早いお金持ち

以前、ある経営者にお話をうかがったことがあります。その経営者は、地方でガスや建設などの巨大グループを一代で築いた方でした。80歳近くでしたが、経営の最前線でグループを率い、その経営意欲たるや未だ衰えずというオーラを放たれていました。

いろいろな話をうかがったのですが、最後に「若い人が成功するための秘訣はありますか？」と尋ねたところ、「時間を守る。約束を守る。嘘をつかない。この3つが大切です」と即座に答えられました。

質問したときは、「夢を持つこと」とか「何事もあきらめないこと」とか、心の在り方についての話になると思っていたのですが、シンプルな行動の在り方を挙げられたのが、とても印象的でした。なかでも「時間を守る」は具体的でわかりやすく、成功する人の考えが見てとれます。

「時は金なり」という言葉がありますが、時間とお金はとても密接に結びついています。

27
5分遅い貧乏人　5分早いお金持ち

貧乏は生活習慣病の側面がとても強く、毎日の生活の中でも、時間をどう扱うかが、貧乏とお金持ちを分けていきます。

あなたは時間に関して、どのような考えを持っていますか？

午前9時に、駅前で仲のいい友達と待ち合わせ。あなたは、5分前あるいはそれより前に到着するようにしていますか？　それとも、だいたい9時を目指しますか？

待ち合わせが決まったら、「時間前に着く」ことが習慣になっている人は、行くためのルート、乗り継ぎ、アクシデントが起こったらどうするのかなど、意識的、あるいは無意識にさまざまなことを想定して早めの準備を行うはずです。たかが待ち合わせにも、計画性や段取りの力が発揮されます。常に時間前に着く人は、こういった計画や段取りの力が行動の習慣として身についている人です。

この待ち合わせが、遅れてはいけない会議や大事な取引相手だったら、たいていの人はきっちりルート確認して、当日も早めに出かけられるよう準備しますよね。時間前にいつも着く人は、そういった計画、段取りが日常でも自然とでき、習慣化しているのです。

一方、だいたい9時を目指す人は、たいてい遅れます。あなたのまわりにもいませんか？

待ち合わせにいつも遅れてくる人。もしかして、あなたもそういうタイプではないですか？　たった5分でしょう。なんて感じでいつも遅れる人は、計画性や段取り力が弱い。何よりも約束を守るという意識が低い。**「時間を守れない」という行動には、大きな仕事を任せられない人の特徴が詰まっています。**

時間を守れない人に対して、シビアな対応をするのが銀行です。

時間を守れない人は、支払い期日に対しても当然だらしない。携帯電話の支払いやクレジットカードの支払い、電気代、ガス代、しっかり期日内に払っていますか？

「引き落としできませんでした」というハガキや電話がきてから、支払うことがしょっちゅうある人は要注意です。特に、クレジットやローンの返済が遅れている人の情報は、確実に信用情報として記録されています。

1日遅れただけでも、しっかり記録されます。特に、月末の31日までと翌月の1日の支払では、たった1日の遅れですがその信用情報へのダメージは大きく違います。

銀行は、信用情報に延滞や事故（返済しなかったことなど）の記録がある人にお金を貸しません。たとえば、家を建てるとき、信用情報に問題がある人は、住宅ローンを利用できないことは間違いありません。ちなみに、信用情報に延滞の記録が複数回あると、新しいクレジットカードがつくれなかったり、アパートやマンションが借りられなかったりすることもあります。お金持ちを目指すなら、信用は大切です。支払いの期日を守ることは必ず徹底してください。

時間を守ることは信用をつくること。その信用にお金がついてくるのです。

今ではテレビで活躍する有名イラストレーターと仕事をしたときのことです。アマチュアのイラストについて批評するコーナーで、一番に送られてきた作品に対し、（とてもうまいとは思わなかったけど）彼は非常にプロ向きだとほめていました。

その理由が、「締め切りを守れそうだから」。

どんな仕事も時間を守る人が稼げるようですね。

処方箋 ¥

時間を守ることが、お金をつくることにつながると自覚しましょう

28

小銭を貯める貧乏人 小銭を使うお金持ち

「小銭」と言えば、文字通り小さい額のお金。細かいお金とも呼ばれる、いわゆる硬貨です。５００円玉を小銭という人は少ないでしょうけど、１００円より小さな額の硬貨は小銭と呼ばれることが多く、小さなお金というだけに、なんだか軽く扱われがちです。

この小銭をどのように扱うかが、貧乏の坂を下っていくのか、お金持ちの道を駆け上がっていくのかの大きな違いを生んでいきます。

見ていると「お金がない」と言っている人ほど小銭の扱いがぞんざいです。男の人だと小銭入れを持たずにポケットからジャラジャラと出てくる。なかには、手に一つかみの小銭が出てきたりする人もいます。そして、机やカバンの中からまるで手品のように１００円、50円、10円、５円、１円とどんどん、どんどんお金が出てきます。

こういう人、お金が出てくるたびに言うんです。

「ラッキー。お金が出てきた」

28
小銭を貯める貧乏人　小銭を使うお金持ち

そして、ときにはこんなことも言うんです。

「儲かった」

いいえ、儲かっていない。もともとあなたのお金ですから。でも、この儲かったと思っている人ほど、見つけたお金を持って自動販売機に直行。すぐに使ってしまいます。

どうして「困った。お金がない」と言っている人に限って、こんなふうに儲かったと思ったらすぐに使ってしまうのでしょう？

ポケットからお金が見つかっては使い、パチンコや競馬で儲かったといっては使う。それまでの損や赤字をまったく考えないのです。お金を持つことが気持ち悪いとでも思っているのかとさえ感じます。


日本人には、小銭を洗い清めて家の繁栄を願う銭洗弁天の話など、小銭を大切にする話がいくつかあります。私が好きな話は、鎌倉時代のある武士のエピソードです。

武士が夜、川に銭10文を落としてしまいます。そのお金を探すため、50文で従者に松明《たいまつ》を買ってきてもらい、その灯りで10文を見つけます。その話を聞いた者が、「10文を探すために、50文を使うとは愚かではないですか？」と笑うと、その武士は答えます。

「10文は少ないが、失えば天下のお金を永遠に失うことになる。使った50文は誰かの益となり、合わせて60文が天下に回ることは大きいことではないか」と答えたのです。

この話には、お金に対する二つのポイントがあると思います。一つは、わずかなお金でも大切にすること。そして、お金を世間にまわすことの重要性です。

よく、小銭をペットボトルにつめて家の隅に置いている人がいます。お金は貯まらず、ペットボトルの上にほこりだけがたまっていきます。お金は動かすものです。きっちり動いて、使われてこそお金の価値があるのです。

お金は、社会の血液です。お金が流れることで、社会は元気になります。ペットボトルにつめて、そのままにしていたり、机の隅に忘れ去られたようなお金は、死んでいるも同然。小銭もしっかり使ってあげることで、社会もあなたも活力が出てくるのです。もちろん、ムダ遣いは厳禁ですが……。

お金持ちは、小銭の扱いがしっかりしています。しっかりしているというより、大事に使います。その一つに小銭入れをしっかり持っていることがあげられます。

お札も、カードも、小銭も一緒のふくらんだ財布を持っている若い人を見かけますが、そんなみっともない財布にしないために、お金持ちは小銭入れを使っています。そして小銭入れもスマート。米粒を1粒も残さず食べることが食事の作法であるように、真のお金持ちは1円までしっかり心を込めて使います。

郵便はがき

153-8541

おそれいりますが
切手を
お貼りください。

東京都目黒区目黒1-24-12
株式会社CCCメディアハウス
書籍編集部 行

■ご購読ありがとうございます。アンケート内容は、今後の刊行計画の資料として利用させていただきますので、ご協力をお願いいたします。なお、住所やメールアドレス等の個人情報は、新刊・イベント等のご案内、または読者調査をお願いする目的に限り利用いたします。

ご住所	□□□-□□□□ ☎ − −		
お名前	フリガナ	年齢	性別
			男・女
ご職業			
e-mailアドレス			

※小社のホームページで最新刊の書籍・雑誌案内もご利用下さい。
http://www.cccmh.co.jp

愛読者カード

■本書のタイトル

■お買い求めの書店名(所在地)

■本書を何でお知りになりましたか。

①書店で実物を見て　②新聞・雑誌の書評(紙・誌名　　　　　　　　　　　)

③新聞・雑誌の広告(紙・誌名　　　　　　　　)　④人(　　　)にすすめられて

⑤その他(　　　　　　　　　　　　　　　　　　　　　　　　　　　　　)

■ご購入の動機

①著者(訳者)に興味があるから　②タイトルにひかれたから

③装幀がよかったから　④作品の内容に興味をもったから

⑤その他(　　　　　　　　　　　　　　　　　　　　　　　　　　　　　)

■本書についてのご意見、ご感想をお聞かせ下さい。

■最近お読みになって印象に残った本があればお教え下さい。

■小社の書籍メールマガジンを希望しますか。(月2回程度)　はい・いいえ

※ このカードに記入されたご意見・ご感想を、新聞・雑誌等の広告や
弊社HP上などで掲載してもよろしいですか。

はい(実名で可・匿名なら可)　・　いいえ

処方箋 ¥

身の回りの小銭を大切に使いましょう

貧乏は一種の生活習慣病です。毎日の習慣があなたを貧乏体質に変えていくのです。小銭の扱いの習慣も大切。雑な小銭の扱いを続けていくことがあなたを貧乏体質に変えていきます。小銭の1円を「たった1円」と思ってぞんざいに扱うのか、この1円を役立てようと思うのか？　その意識の積み重ねが後に大きな差になるのです。

あなたが、コンビニでもらったおつりの1円。次に使おうと思ってしっかり小銭入れにしまうのもいいでしょう。あるいは、社会の役に立ててほしいと思いを込めてレジ横の募金箱に入れるのもいいでしょう。

いけないのは「1円邪魔だな～」なんて思いながら、ポケットや財布にしまうこと。1円を大切にしないその思いが、あなたの心に小さな穴をあけ、それが少しずつ大きくなって、その穴からいつの間にかお金がどんどん逃げていくのです。

小銭を大切にする。その意識が、あなたのお金の習慣を大きく変えていくはずです。

29 テーブルごちゃごちゃの貧乏人 テーブルすっきりのお金持ち

仕事の打合せでいろいろな会社の社長室に入ることが多いのですが、企業として順調な売り上げを誇る会社の社長室はきれいです。とにかくシンプル。ときには、この社長は仕事しているのかな？　と思うくらい机と簡単なソファーだけの社長室もあります。

机の上がきれいな会社での打合せは、スムーズに進みます。打合せのときに必要な資料がすぐに出てくるからです。もちろん、その資料は部下が持ってくるのですが、社長自身も誰が、どこに、どんな資料を持っているのかわかっているのです。

一方、業績の悪い会社の社長室はごちゃごちゃです。私は、社長室に入ると必ず書類棚や本棚を見るのですが、縦の書類に横置きの書類が混ざっている会社は駄目ですね。しかも、社長の個人の趣味の本が紛れ込んでいるような本棚は言うまでもありません。

社長だけではありません。社員も同じです。

ある建設コンサルタント会社の社長は言っていました。

「部下の仕事のできる、できないは机の上を見ればわかる」

仕事机は会社員それぞれの基地です。机は、その人の実力が表れます。

もちろん、机の上がきれいだと仕事が効率よく進みます。ある調査によると、仕事では、1年でおよそ1カ月は探し物の時間にあてられているそうです。これが平均の値だとすると、ごちゃごちゃした机で仕事をしている人は、下手したら1年のうち2カ月は探し物をするために使っているかもしれません。これでは、仕事ができないはずです。本人にとっても、残業代を払う会社にとっても困った状況です。机は、お金に結びついているのです。

会社における机のように、家庭においてはテーブルがお金と結びついています。

リビングにあるテーブルは、その家庭を象徴するものです。ひとり暮らしでも、結婚している家庭でも、その世帯が日常生活でもっとも利用しているのが、テーブルです。

このテーブル。お金持ちの家は、すっきりしているのに対し、お金に縁のない家は、いろいろなものが置いてあります。

しょう油やソースの類やつまようじ。テレビのリモコンに新聞やチラシ。子どもの勉強道具。お菓子を置いている家庭も多いです。ひどい家になると、食べ終わったあとの食器が置きっぱなしだったりします。

テーブルは家庭の縮図です。そこには家庭の生活習慣が見てとれます。お金持ちなら、お金持ちになる習慣が見られるし、お金がないと嘆く家庭ならお金が逃げ出す習慣がテーブルに表れています。

テーブルの上が乱雑なら、片づけられないという習慣。使わないものが置いてあるのなら、ムダなものを買う習慣。テレビのリモコンが置きっぱなしなら、テレビを見てダラダラ過ごす習慣。お菓子がいつも置いてあるのなら、心のむなしさを食べることで満たしている習慣。この本に書いてある、お金を遠ざける習慣がギュッとテーブルの上に凝縮しているのです。生活習慣を変えて、貧乏体質から抜け出し、お金持ち体質に変えることがこの本の目的です。

テーブルをきれいにして、テレビのリモコンを離れたところに置くことで、テレビをダラダラ見る習慣から抜け出す。片づけることで、ムダなものを買っていることに気づく。お菓子を遠ざけ、心と体のダイエットに励むようになる。テーブルを片づける、きれいにする行動が貧乏習慣をやめるきっかけになることは間違いありません。

貧乏は、生活習慣病であると同時に伝染病です。特に、親から子へ高い確率で伝染します。

処方箋
¥

テーブルにつまった貧乏習慣を追い出そう

それは、貧乏人の子は貧乏という意味ではなく、生活習慣が確実に伝染するからです。

その生活習慣が身につく場所がテーブルです。テレビをダラダラ見る癖。お菓子にすぐ手を出す癖。片づけない癖。親の悪い習慣が、テーブルから子どもに受け継がれていくのです。

もちろん、子どもがいる家庭だけではありません。一人暮らしの人も、将来のお金持ちへの道を歩むためには、テーブルをチェック。貧乏体質が見られるなら、早めの改善をしたいものです。

30

占いを信じる貧乏人
神様を信じるお金持ち

人生がうまくいかなかったり、問題があると誰かに頼りたくなります。

友達、家族、弁護士。それでも、解決策が見当たらないと、見えないものにすがりたくなります。神様だったり、仏様だったり、ご先祖だったり、そして占いだったり。

私も、お金の問題で苦しんだとき、いろいろな占いを試しました。手相や四柱推命、タロット……。

すごく苦しんだときは、女子高校生みたいに、朝のテレビ番組の占いを信じて、その日のラッキーアイテムを持って行ったりしました。何月何日にどの方角に行けばいいと言われて出かけたりもしました。

私の場合はどうにか問題を解決できたから、ラッキーアイテムも方角もよかったのかもしれません。

手相や四柱推命、星占いは長い時間をかけ形成された統計学だと言われています。そういう意味で、ある程度の方向性は打ち出せるだろうし、その統計をうまく読み取れる占い師なら、まさに「ズバリ」言い当てることができるでしょう。

実際、ある手相占いの方には、「あなたは保証人になる線があるから、なってはいけない」と言われたし（そのときすでになっていましたが）、占いは当たることも多いと思っています。

占いは目に見えない世界です。人生の選択に迷うとき、頼りにもなります。一方で依存してしまう人も多い。ときに大当たりするからやめられなくなるギャンブルと同じかもしれません。

私は、占いにのめりこんだ人を何人も見てきました。のめりこむきっかけは、家族のことだったり、お金のことだったり、病気だったり、それぞれの理由でした。一人がのめりこむと、家族も巻き込まれて占いの世界に一家でどっぷりとなることも。

占いの世界にはまるとどうなるのでしょう。

だんだん自分のすべきことを自分で判断ができなくなるのです。なにもかもすべてを占いに頼るようになります。今日は、こちらの方角へ会議に行くけどいいですか？　娘の交際相手の生まれ年は〇年ですが、結婚してもいいですか？

ある地方の大きな製造会社は、社長が大事な経営判断をすべて占いに頼ってしまい、最終的には倒産しました。もちろん占いのせいだけではないのですが、経営判断までも占いに頼ると悲惨な結果を招きます。

占いは一種の統計学だと書きました。統計の通りにいかないのが人生です。貧乏になる大きな要因は、判断を人に預けること。判断を人に預ける習慣がある人は、間違いなく貧乏の道を転がり落ちます。自分で判断する人は、ときに失敗しながらも、いつかはお金持ちの道が見えてきます。占いは、統計的にどのような可能性があるのか確認するくらいの気持ちで臨むのがいいでしょう。

一方、お金持ちも目に見えない世界を信じます。多くの経営者が神様や仏様を敬い、会社内に神社をつくったりする方もいます。では、神様、仏様に頼って経営しているのでしょうか？　違います。頼っているのではありません。**目に見えない世界を敬い、感謝する心があるだけです。**

「勝ちに不思議の勝ちあり、負けに不思議の負けなし」

これはプロ野球の名将野村克也氏がよく言う言葉です。ここでは「勝ち」をお金持ちになること、「負け」を貧乏になることと置き換えると、貧乏になることに不思議はない、必ず理由があると言えます。それは毎日の考え方や行動習慣が大きな理由でしょう。貧乏になるには理由があるのです。

一方、お金持ちになるときには、不思議なことが起こりえます。私自身も、どうして私に特上の不動産案件を紹介してもらえたのか、いまだに不思議です。保有している株が急激に高値になったのも、これまた不思議なことでした。

説明できない「不思議の勝ち」をおさめるために、いや不思議の勝ちを体験したからこそ、ますます目に見えない不思議な力を敬うようになるのです。

日常の平和、家族の無事。当たり前だと思うことも、不思議の勝ちだと言えるでしょう。この、不安定な世界においてこうして本が読めている。

不思議の勝ちを確実に手に入れる方法は、誰にもわかりません。わからない世界だからこそ、わからない・目に見えない世界を敬うのです。

貧乏とお金持ちでは、同じ目に見えないものでも信じるものが違うのです。

処方箋 ¥

占いはほどほどに。神様を信じてお金持ちの道を駆け上がりましょう

31 気にしない貧乏人 気にするお金持ち

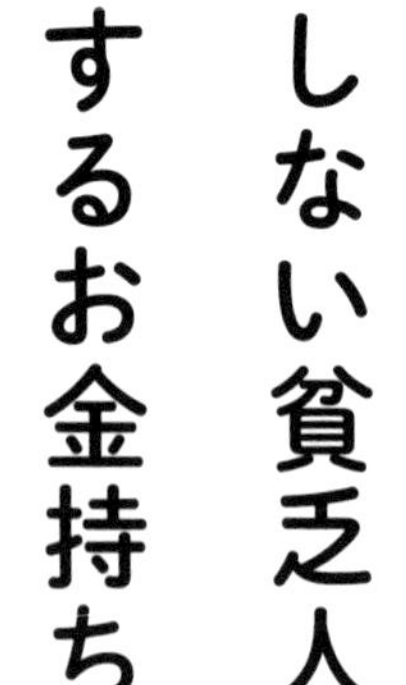

世間を騒がすような大きな事件があるたびに嫌な気分になります。どうしてこんな事件を起こすのでしょう。

テレビでは、このような事件が起こると、犯人の家を映し出します。

あるテレビレポーターが書いた雑誌の記事を読んだことがあります。

「犯人の家にあたりをつけても、それがマンションの場合は、どれが犯人の家なのかわからない。でも、たいていの場合ベランダが散らかっているのが犯人の家と考えて間違いない」

その記事を読んでから、テレビに映る犯人の家に注目していますが、確かにベランダや家の周辺に物が散乱しています。

犯人の心がすさんでいたから、家のベランダや周辺が荒れたのでしょうか？

それとも、ベランダや家の周辺が散らかっていたから罪を犯したのでしょうか？

31

気にしない貧乏人　気にするお金持ち

「ブロークン・ウィンドウズ（割れた窓）理論」という理論があります。たとえば、あるところに車を置いていても大丈夫だったのに、1カ所、わざと窓を壊して置いておくと、その車は落書きされたり、壊されたりするというもの。

この理論から、小さな犯罪が大きな犯罪につながるという考えを導き出したのです。逆に大きな犯罪を防ぐためには、小さな犯罪を取り締まればいい、という理屈になります。

この理屈で犯罪を激減させたのがニューヨーク市。ニューヨーク名物の落書きを徹底して消したことで、犯罪を劇的に減らしたのです。たかが落書きなんて見落としがちですが、大きな犯罪を生み出す要素になっているのですね。

貧乏も、この「ブロークン・ウィンドウズ理論」で考えると納得できます。

自己破産や老後破産って急に起こることは少ない。最初は本当に小さなことから、徐々に、徐々にあなたの家計をむしばんでいきます。

わかりやすいのがキャッシング。私は、今でも最初にキャッシングしたときのことを覚えています。きっかけは大学生のころの先輩の一言「お金がなければ、カードで借りればいい」。

最初は気にも留めていなかったのです。というより、お金を借りるのは恥ずべきことだと思っていました。でも、どうしてもお金が足りなくなり、とあるデパートでクレジットカードをつくり、1万円借りました。

それからは借金が減らなかったですね。いつも、20万円近くのローンをやりくりしていました。その後、社会人になり、一度すべて返済したのですが、兄の会社の問題などで、カードローンや銀行ローンが500万円近くまで膨れ上がり、自己破産寸前までいきました。

その後返済はできましたが、あの学生時代にたった1万円借りたことで、カードローンに対する抵抗感が弱くなっていったのです。最初の1万円の時点で、悪い借金の怖さを知り、生き方を変えていれば、人生のもっと早い段階でお金持ちの坂を登っていたかもしれません。

ほんの少しの借金と思って始めたキャッシング。でも、この小さな借金をそのままにすることが、大きな借金へとつながるのです。利子が増えて返すのがなかなか難しくなるという意味だけではなく、ずるずると借り続けて金額が大きくなる。それは、まるで壊れた窓から、車全体がダメになるように、たった1回の借金から少しずつ破滅への道に追い込まれていくのです。

お金の返し方でも、貧乏とお金持ちの差が出ます。貧乏になる人は、とにかく時間をかけて返します。返せるお金があっても、できるだけゆっくり時間をかけて返します。一方、お金持ちになる人は、すぐに返します。


小さな段階で何事も潰していくのが、お金持ちのやり方です。

小さなことを気にする、気にしないというのは、貧乏とお金持ちを分ける、大きな一点です。貧乏な人は、ほんの少しの借金を気にしない。そこから、徐々に徐々に、お金の問題は大きくなるのです。

ニューヨークは、落書きを消して犯罪都市から安全な都市へ変わりました。あなたにとって、お金の面で落書きに当たるものは何ですか？

友達に借りた昼食代を返していないこと？　小銭をテーブルに置きっぱなし？　つい借りたカードローン？　あなたのちょっとしたお金で気になることを書き出してみてください。

「小さなことだ。気にしない」ではなく、その小さなことこそが重要です。落書きを消すように、一つずつ消していきましょう。そして、自分自身が、自分の心に落書きしないようにしましょう。

それがお金持ちへの第一歩です。

処方箋 ¥

お金に関する小さなことを気にすることから始めましょう

32

ご褒美をあげる貧乏人
ご褒美をあげないお金持ち

ビール好きには、仕事の後の一杯がたまりません。

「ふー、このとりあえずの一杯のためにがんばったんだ」と思わず顔が緩む瞬間です。

とにかくがんばった後には、なんらかのご褒美が欲しくなりますよね。

よく女性が、「がんばった自分へのご褒美に、洋服を買いました」ということを言いますが、これも仕事帰りの一杯を楽しみにするおじさんと同じですね（一緒にするな！と怒られそうですが）。

ご褒美があるからがんばれる、きつい仕事に耐えられるという人は多いでしょう。

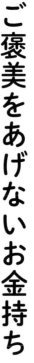

しかし、馬の鼻面にニンジンをぶらさげて走らせるように、人はご褒美がないと仕事ができないのでしょうか？

大きなプロジェクトが成功したら、祝いたい。それはわかります。長い時間をかけて到達したことを祝うことにケチをつけたいとは思いません。私も自分の企画が見事に採用されたり、土地を探し、マンションの企画を立て、融資が通り、無事完成したらうれしいものです。けれども、自分に褒美をやろうなんて思うことは不思議とありません。

自分への褒美で思い出したことがあります。

以前知人に、いくつもの峰を歩く登山に連れていってもらったことがあります。こちらは、登山の初心者。少し登っては休み。また、少し登っては休み。ようやく頂上。せっかく頂上に着いたのだから、写真も撮りたい、お茶も飲みたい、ゆっくりしたいとはしゃいでいたのですが、知人はすぐに次の峰を目指して歩こうとしています。まわりの登山者も、ほとんどが軽く喜んで写真を撮ったら、次の峰へと歩きだすのです。

「登山って何が楽しいのだろう？」と思ったのですが、いくつかの峰を歩き、無事下りてきたあと、電車に乗ってから気づいたのです。

「家を出て、苦しみつつ山に登って、そして無事に家に帰る。これって、人生と似ているな」と。そう気づいたらじんわりと山登りのよさが分かった気になりました。

人生はときに山登りにたとえられます。山登りに慣れた人だからといって、知人は頂上に到達することに飽きていたわけではないはずです。きっと山の頂に立つまでの道のりや下る山道まで楽しんでいるのでしょう。

山頂に着いても大喜びしない、というのはお金持ちになりたい人には大切なことです。少しうまくいったからといって、ご褒美をもらう。しかも、自分が自分にご褒美をあげるなんてとんでもない。その山の頂から次の頂をめざし、進むのがお金持ち。一つの頂だけで満足しないのです。欲張りと言われるかもしれませんが、満足したら後は落ちていくだけと知っているからです。

基本的に、貧乏に陥りやすい人は自分に甘い。ほんのちょっとしたことで、自分ががんばったと思いがちです。

「今日は、口うるさい上司の言葉に耐えてがんばったから、ご褒美」

「なんとか書類を間に合わせたから、ご褒美」

とにかく、**自分への甘い評価で現実からの逃避をしています。**

自分に甘い人は、休みもご褒美と考えます。1週間は、月曜日から金曜日までがんばって働いて、土日はご褒美として遊ぶ、というか遊び切ります。つまり、がんばった自分のご褒美として週末を考えるから、日曜日で完全にリセットされてしまうことで、なかなか仕事が進歩しない。

「月曜から仕事か。適当にがんばって、週末遊ぼう」と、週末を平日の苦行に耐えた自分へのご褒美としていないでしょうか。

それに対して、日曜が始まりと考える人は、前の週の余力を残しながら次の週に移るから、仕事の実績や経験も積み重なる感じです。

ご褒美は、与え続けると刺激がなくなります。より強い刺激を求めるのか、ご褒美に飽きるのか。少しがんばったくらいでご褒美をやる癖がついている人は要注意。お金は使うし、ご褒美なしでは動かなくなる危険性もあります。

小さなことに満足を覚えていたら、大きなステップに進めません。現状維持が精一杯といった感じでしょうか。お祭りの後には、淋しさがやってくる。それと同じように、ご褒美の後には、なんだかむなしさがやってきます。

お金持ちの道を進むなら淡々と。まずは、ご褒美癖をやめましょう。

処方箋 ¥

小さな自分のがんばりにご褒美をやらない

33

完璧をめざす貧乏人 完璧じゃないお金持ち

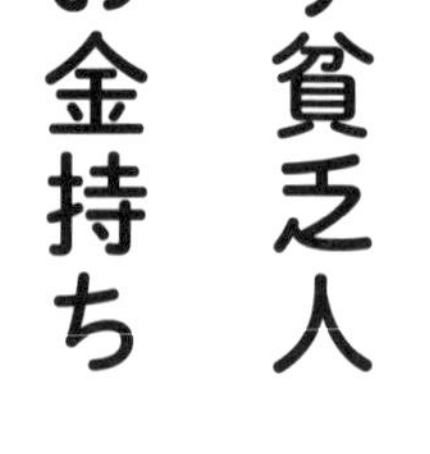

「完璧」という言葉、最近あまり使わなくなったような気がします。

「完璧な仕事」だなんて、まるで「ゴルゴ13」の世界です。すべてが想定の範囲内。依頼された仕事を確実にこなす。風が吹こうとも、距離がどんなに遠くても、障害物があっても、確実に依頼された仕事をこなす。実にかっこいい。大人のあこがれです。

ゴルゴ13は、トレーニングをしたり、道具の銃にこだわったり、完璧な仕事をこなすための努力をたまに見せるところが、読者をひきつけるのでしょう。

話は、だいぶ「完璧」から離れてしまいました。この本も、完璧をめざしているのですが、こうして本題のお金の話から脱線してしまいます。完璧はなかなか難しいですね。

ここから書くことは人によっては不快になるかもしれません。しかしお金持ちになるマインドは、結婚から学ぶことが多いと感じます。

結婚したいと言いながら結婚していない人には、共通点があります。かつては、「三高」なんて言葉がありました。「高学歴・高収入・高身長」な男性を求める女性も少なくありませんでした。今でもたまに見かけますが……。男性なら、性格がよくて、若くて、プロポーションがいい女性を理想にかかげたりする人もいますね。どちらも同じです。

相手に完璧さを求める人がいる一方、自分に完璧を求めて、まるで修行僧のように自分磨きに一生懸命な人がいます。メイクもばっちり、料理も絶品。掃除も大好き。なのに、「結婚できないのよね」と言う人もいますよね。

結婚するタイミングはもちろんのこと、結婚しなくても幸せな人生は当然あるわけで、どちらも他人にとやかく言われる筋合いのないことです。しかし、相手に完璧さを求めたり、自分に完璧さを求める人が、「結婚できない」と嘆いているのなら、それはゴールを間違えているからではないでしょうか。

そういう人の多くは、結婚をすることがゴールとなっているのです。結婚は単なる通過点であり、大切なのは人生全般を通じて幸せになることです。しかも、間違えたゴールに向けて、相手に完璧さを求めたり、自分を完璧にしようとする人は、結婚という結果を得ることができない。せいぜい「なんで、あんな人が結婚できるの？」という愚痴で終わるのが関の山です。

それって、お金持ちになるために失敗しない完璧なやり方を求めた結果、「なんで、あいつはあんなに金持ちなんだ。俺のほうが優秀なのに」というのと似ています。

お金持ちになる人とそうでない人では、物事に対するアプローチが違うと感じることがあります。それは、お金になるアイディアを実行するときの、企画者と経営者の企画の進め方の違いが参考になります。

企画者の書類はすばらしい出来でプレゼンテーションも流れるようです。そこまで何週間、ときには何カ月もかけてプランを練ります。まさに「完璧」と言える仕事をします。しかし、そのプランが実を結ぶかどうかは相手次第です。企画という仕事をしている以上仕方がないことですが、どこかむなしいもの。

すぐれた経営者は、アイディアも紙一枚。そして、すぐに実行のプランを練ります。そこに時間の無駄がない。たとえ問題があっても、まずは行動を起こすことが、彼らにとっては重要なのです。

この話は、企画の仕事をばかにしているのではありません。私も、企画の仕事をしているからわかるのですが、企画者や優秀な社員は、傾向として企画書に完璧を求めすぎます。

それが、うまくいく場合もありますが、経営者のつたない手書きの企画書のようなもののほうが本質をついている場合が多いように感じるのです。

スピードが問われる現代、完璧な分厚い企画書はますます役に立ちません。完璧になった時点で、もう古くなっていると思ったほうがいいのです。

きつい言い方ですが、結婚のために完璧な自分を目指し、完璧になったころにはすっかり年をとっていたというのと同じです。

完璧を目指して、行動を起こさない選択はお金の世界ではありえません。完璧な考え、完璧なアイディアはその時点で、すっかり時代遅れだと思って間違いありません。

中途半端でも、80点に達したらすぐに実行しましょう。インプットよりアウトプット。自分の中にため込むのではなく、とにかくアイディアを外に出しましょう。お金が必要なら銀行に融資を申し込みましょう。インターネットで出資者を募りましょう。

完璧にするのは、それからです。外の人の考えにもまれながら、アイディアはお金に換わっていくのです。

処方箋

¥

お金儲けのアイディアは完璧でなくても、世に問いましょう

34

反省する貧乏人 反省しないお金持ち

ある雑誌の企画で、子どもたち50名のキャンプに3日間同行したときのことです。大自然の中で子どもたちがどのように成長するのかを取材するためにやってきたのですが、私が興味をもったのはキャンプのリーダーでした。

そのリーダーは、40代後半の男性。これまで多くのキャンプを経験してきたベテランです。リーダーの下では、大学の野外活動系サークルの大学生がスタッフとして手伝っていました。

初日の夜のミーティングでのこと。一人ひとりに報告を求めたときに言ったリーダーの一言が印象に残っています。

「ここでは反省は要りません。今日あった良かった点を言ってください」

この言葉が印象的だったのには、理由があります。学校や部活動、会社など組織の集まりでは、まずは各人の反省が求められることが常だったからです。先生や上司から求められるのは、反省する姿。反省し謝り、次はがんばりますという一連の流れがお決まりです。

「よかった点を言ってください」という一言に、反省点の発表を準備していたであろう大学生たちは、最初は少し戸惑っていましたが、報告が進むにつれ表情がいきいきしてきたのを覚えています。

あなたは反省することに慣れていませんか。小学生のときから、日本人は反省するようにしつけられてきました。何かあれば「反省会」を開く。英語ではこの反省会にあたる言葉がないと聞きます。

反省することで、組織に忠実な人間がつくられていきます。反省することが、まじめないい人間になることと信じられています。仕事の報告書にも、事実だけではなく、ときに精神的な反省が求められます。

ジリジリと貧乏の坂を下りていく人は、反省好きな人が多い。うまくいかなくなるたびに反省して縮こまる。その結果、さらに萎縮して仕事のパフォーマンスが悪くなり、またミスをする。反省がいい結果を生むのではなく、反省がさらなる反省を呼び、チャンスも自信も失っていくのです。

反省＝まじめ、ではありません。具体的な対策のない、恐縮するだけの反省は、自分の人生からの逃避でしかありません。精神的な反省だけを求める上司がいますが、そんな愚かな人からは逃げたほうがいい。「反省からは何も生まれない」。私は、具体的な改善策を考えることが大切だと考えています。

銀行からお金を借りるときに、つい最近まで保証人を求められていました（今でも完全になくなったわけではありません）。私も兄の会社の保証人として銀行から返済を求められました。複数の銀行との交渉で、銀行員は家族としての反省を求めてきます。そして巧みにすべての借金の肩代わりを求めてきます。

「お金に反省をくっつけない」。それは、私が交渉をするときに決めたルールでした。

保証人制度は、家族や親せき、友人の気持ちに依存してお金を貸しつけるものです。返済できなかった反省を保証した人にまで広げる制度です。まさに、日本人らしいお金と人の心を結びつけた制度です。

保証人としての反省を訴える銀行員に対し、私はあくまでも冷静に数字と事実で対処しました。銀行側にも反省すべき点（内容を知らせず保証人にしたことなど）があることを突きつけ、逆に銀行員として果たすべき義務があったのではと訴えて、こちらの主張を大きく認めてもらったのです。

処方箋 ¥

反省するより、改善点を見つけましょう

お金持ちになる人は反省しません。失敗しても反省はしない。失敗から得るものは改善点だけ。基本的には、反省する暇があったら、前に進むことにエネルギーを注ぐのです。

ときにお金持ちが嫌われるのは、この反省しない態度が影響しているのかもしれません。人に嫌われるくらいなら、お金持ちにならなくていいと思うかもしれません。

私は、悪いことをしたのに反省しない人間になりなさいと言いたいのではありません。反省しすぎて、結果として貧乏への道を進んでほしくないのです。

反省ばかりの人は、人に利用されやすい人になりがちです。一見思慮深くも見えますが、お金の面から見ると深く考えない人とも言えそうです。その場の雰囲気を壊さないため、社内の人間関係を悪くしないためなどさまざまな理由はあるでしょうが、そんなことで簡単に反省しないでください。世の中には、あなたの反省しやすさを利用しようとする人がいっぱいいますから。

35

忙しい貧乏人 マイペースなお金持ち

「貧乏暇なし」という言葉がありますが、貧乏な人が実に忙しくバタバタしているのは、今も昔も変わらないようです。

忙しさにともなって給料が上がったり、あるいは出世して生涯賃金が上がり、裕福になるというのは景気が良かったころの話で、最近は日本だけではなく世界中で、忙しくした結果がお金と結びつくという図式は成り立ちにくいようです。

日本の社会は、１９６０年代の高度経済成長時代に勤勉に忙しく働き、その結果会社は成長。個人は給料が上がって裕福になったという、強烈な経験があります。だから、いまだに「忙しく働くことはいいことだ」という神話が生きているのです。

戦争に負けてどん底に落ちた国が、世界第2位の経済大国に登りつめるまでになったのですから（現在は世界第3位）、社会全体が「忙しく働くことはいいことだ」という考えから抜け出せないのは当然かもしれません。

ところが、最近になってようやく「忙しい」は良くないことなのでは？　ということが言われ始めています。国は「忙しい」からくる長時間の労働が、個人だけではなく日本全体の利益にとっても良くないことだと気づいたのでしょう。

あなたは「忙しい自分」に酔っていませんか？

会社員でもフリーランスでも、若いころは、忙しい自分はまわりから頼りにされていると思いがちです。下積み時代は、先輩や上司にわけもわからない用事で振り回されて忙しく、その時期を過ぎたら、徐々に自分自身の仕事が忙しくなる。

「あー、忙しい」と言いながら、なんだか頼りにされている自分に酔ってしまう。でも、その「忙しい」が曲者なのです。

忙しいときは、自分のペースを見失ってしまいます。「自分がいなければ会社は回らない」と思っていませんか。残念ですが、そんなことはほぼありません。忙しいときはそう思うことで、自分を奮い立たせているだけなのです。

会社は、会社という組織が生き残るために活動を行います。組織を犠牲にしてまで一個人の幸せをケアしません。「自分のことは自分で守る」ということは会社の中だけではありません。人生を生きていくうえでの鉄則なのです。

これまで多くの優秀な人が忙しく働いたにもかかわらず、40代後半には会社のお荷物のようになった例を私も見てきました。しまいにはリストラです。

「忙しい」は曲者と書きましたが、忙しいときはまわりが見えなくなります。自分の置かれている状況を考える余裕すらない状態です。忙しいから、恋人や家族の気持ちに気がつかない。忙しいから、自分のスキルが時代遅れになってきていることに気がつかない。忙しいから、自分の体の不調に気がつかない……。

「忙しい」ときはあなたの人生のバランスがどこかで崩れ始めていると思って間違いありません。長期にわたって忙しいときは、貧乏の坂を転がり始めている状態なのかもしれません。

一方、お金持ちはマイペースです。こう書くと「お金持ちだからゆったりできるんだろう」という声が聞こえてきそうですが、お金持ちだからマイペースでいられるのではありません。マイペースだからお金持ちになったのです。

マイペースというと、ゆっくりとしていて、他の人に合わせないイメージがありますが、そうではありません。ここで言うマイペースとは「成功する自分のペース」で生きているということです。

忙しい人の大半は、自分のペースでいるようで、会社やまわりの都合に踊らされています。それは、「マイペース」ではありません。お金持ちは、自分が勝つペースを知っています。それはまるでマラソン選手が、自分のペースをしっかり守り、勝ち抜く姿に似ています。忙しい人は、無理に先頭集団に入って失速。ついには棄権してしまうアマチュアランナーのようなものでしょう。

サラリーマンは、自分でペースをつくっているつもりでも、しょせん会社のペースの中で動いているにすぎません。それは、自分の人生を他人に預けているようなものです。

アップル創業者のスティーブ・ジョブズの言葉に、「他人の人生を生きることで時間を無駄にしてはいけない」というものがあります。

マイペースは、自分が自分の人生を、自らが責任を持って成功させることができるペースです。忙しい状態は、他人の人生に振り回されている証拠。

お金持ちになるためにも、自分が勝てるマイペースで生きてみませんか。

処方箋 ¥

「忙しい」をやめて、マイペースで生きてみましょう

36

酔う貧乏人 酔わないお金持ち

お酒を飲むと楽しくなります。お酒を飲む人ならわかるかと思いますが、記憶をなくす前ぐらいがかなり気持ちよく、気分も絶好調です。

私も学生のころは、記憶をなくすくらいの飲み方をしていましたが、最近ではすっかりそんな飲み方はやめました。若いころの経験から、少し飲むくらいが、次の日の体調も含めてトータルで楽しいことがわかったからです。

酔うという行為は、脳や身体を麻痺させて快楽をもたらします。そうした作用の点から見ると、「お酒」と「お金」は実は関係がとても深いのです。

社会人が信用を失うものとして「酒・女（男）・金」と昔から言われてきました。異性との問題や金の貸し借りや会社の金の横領、ギャンブル。そして、酒の席での暴言や、酒で健康を害すなど、「酒・女（男）・金」で社会から消えていった人、あるいは出世の道から外れた人は私のまわりにも何人もいます。

最悪なのは、抱えている問題から目をそらすためにお酒に逃げるパターンです。このパターンにはまると、なかなか抜け出せません。私の知り合いの経営者は、会社がうまくいかなくなりはじめてから酒量が増え、しまいには朝から飲むようになり、結局会社は倒産。そのころにはお酒で内臓をいためたため、社会復帰にも時間がかかるといった状態になりました。お酒が再起のチャンスも奪ったのです。

ずいぶん古い映画になりますが、ジャッキー・チェンの「酔拳」という作品があります。映画では、酔えば酔うほど強くなる「酔拳」をマスターしたジャッキーのカンフーがユーモアたっぷりに描かれています。この「酔拳」は、酔っ払うと感覚が麻痺する点を生かして、打たれても痛くないところも利用したカンフーです。

酔えば酔うほど強くなる。酔って気も強くなり、会社への文句、果ては政治やスポーツに至るまで、バッタバッタと切り倒していくような人を見かけます。

酔うという行為は、決してお酒がないとできないわけではありません。「自分に酔う」という言葉があるように、自分の話に酔う人がいます。

経営者のなかには、自分の話に酔って、話が長くなるタイプの人がいますが、基本的に酔うタイプの人はうまくいかないことが多いです。会社の先輩とかにもいますよね。話せば話すほど、自分に酔って話が長くなる人。とても迷惑です。

酒に酔って仕事をするのは言語道断ですが、自分に酔って仕事をするのも危険です。これは仕事が順調なときに起こりがちです。ときには自分に酔って感覚を麻痺させ、つらい仕事を一気に突破することも必要ですが、酔うという感覚は普通の状態ではないわけですから長く続きません。

経営や株や不動産の投資では、「酔う」という行為は厳禁です。たまたま、うまくいったからといって自分に酔ってはいけません。飲酒運転がダメなのと同じように、自分の人生でも酔ってお金を動かすことは厳禁です。

「たまにいいことがあるから、ギャンブルや酒はやめられない」。これは、ある心理学の先生に教えられたことです。

たまたまうまくいったことに、人は酔いがちです。たまたまうまくいったお店を多店舗展開して失敗した人や、たまたまうまくいった株で、次に取り返すことのできないほどの大損をした人がいます。うまくいったときほど、酔わないことが大切です。

お金持ちはお酒にも酔わないですね。私のまわりにも何人かの優れた経営者がいますが、お酒の飲み方がスマートです。あたりまえですが、つぶれるほど飲まない。傾向としては、「飲まない」のが基本となっているようです。

もちろんお金持ちはビジネスの判断をするときも決して酔いません。過去の成功に酔ったり、まわりにおだてられるままに判断することが危険だと知っているのです。ちなみに「おだて」は、人の心を酔わせます。服でも、家でも、株でも「おだて」て買わせようとする手口に気をつけましょう。

酔わないとやってられないこともあるかもしれません。お金の大きな勝負のときには、自分の考えに酔って、感覚を麻痺させて突破しないといけないこともあるでしょう。

しかし、長く人生で成功するためには、酔わないことが大切。

酔いは、普段の自分以上の力を発揮させるかもしれませんが、その反動もあることを自覚してください。

お酒に酔うことも、自分に酔うことも、ほどほどが楽しいようです。

処方箋 ¥

酔ってお金の判断をするのはやめましょう

37

貧乏に鈍感な貧乏人
貧乏に敏感なお金持ち

「貧乏は生活習慣病」とこの本では、何度も書きました。

貧乏は、毎日の生活習慣が引き金になることを知ってもらいたいと思い、この本を書いています。

この考えに至ったのは、自分自身が食事などの生活習慣が原因となって入院し手術を受けた時期が、ちょうど家族の金銭問題で悩んでいた時期だったこともあり、「貧乏と生活習慣病は似ている」と感じたことがきっかけでした。

私の体に起こった病気は、お医者さんに手術をしてもらい、やさしい看護師さんに世話してもらいながらどうにか治りました。

しかし、お金がないという病気は、自分で手術しなければなりません。ずいぶん時間もかかったし、かなりの出血（お金が出ていった）で、まさに瀕死の状態でしたが、どうにか生き返ることができました。

兄の会社の倒産が直接のきっかけとはいえ、自分自身も、貧乏を引き寄せるような生活をしていたのも事実です。お金があれば、あるだけ使う。お金が足りなくなればカードローンで借りる。今から思えば、お金の神様に見放されても当然です。そんな生活にいつのまにか慣れてしまった私は、まさに貧乏という生活習慣病にむしばまれていたのです。

ショック療法で立ち直った私ですが、あの当時を振り返って思うのは、「貧乏に鈍感だった」ということです。

会社員をやっていると、どんなにお金がなくても毎月ある程度決まった額が振り込まれるので、なかなか自分が「貧乏」だという状況に気がつきにくいのは事実です。毎日、おいしいごはんが食べられるし、遊ぶこともできる。

でも、どこかにお金に対しての不安があるはずです。

「これくらいの貯金で大丈夫なんだろうか？」

私はこのような状態を「隠れ貧乏」あるいは「貧乏予備軍」と呼んでいます。隠れ貧乏は、大きな病気になったときや事故、あるいはリストラや退職したときに、満足できる生活が送れない人です。

貧乏になる人は、自分が隠れ貧乏だということに気がついていないし、なによりもお金がない怖さを知らないのです。まさに貧乏に鈍感だと言えるでしょう。

一方、お金持ちはどうでしょう？

一口に、お金持ちといってもさまざまなタイプがいます。会社をつくって上場させてお金持ちになった人や、株で成功した人、不動産投資で成功した人。いろいろでしょう。

そのなかで自ら会社をつくり、成功した経営者にお話を聞くと、その多くが「幼いころは貧乏だった」と話をされます。「貧乏は嫌だ」という思いが原点になっているようです。

普通のサラリーマンから、投資で資産を築きあげた人に話を聞くと、その多くが将来の不安からスタートしています。将来お金がなくなることへの不安を話されます。

実際に貧乏を経験して、そこから這い上がった人や、まだ経験していない「将来の貧乏」に敏感に反応した人がお金持ちへの道を歩き始めるのです。

「このままでいいのだろうか？」

この心の声が出発点です。その不安を毎月の給料、夏と冬のボーナスが打ち消します。

「余計なことをするな、危ないよ。今のままで大丈夫」と……。

「現状維持バイアス」という言葉を知っていますか？　これは、大きく状況が変わらない限り、現状のままであることを望む心理のことです。ほとんどの人の心理には、この現状維持バイアスが働きます。新しいことを始めてストレスを受けることを嫌うのです。

私がマンション経営を始めるときに銀行の担当者に聞いたのですが、サラリーマンで融資を申し込みに来る人は、年収が低くてとても融資ができない人か、退職が見えてきた方が多いそうです。私のような中堅どころは、あまり来ないと言っていました。退職まで間があるし、新入社員よりもお金に余裕がある。そういう中堅どころは、現状維持バイアスが強く働くことで、わざわざ新しいことに挑戦しないのでしょう。

サラリーマンも10年過ぎると、生活も安定するので、自分が「隠れ貧乏」だと気づきにくい。つまり、貧乏に鈍感なのです。退職が見えてきてから慌ててどうにかしようとするけど、時すでに遅しの状況にあるのが現実です。

あなたは、死ぬまで余裕をもって生活することができますか？

もし、そうでないなら、あなたは「隠れ貧乏」「貧乏予備軍」かもしれません。お金持ちへの第一歩はそのことに気づくこと。貧乏に敏感に反応し、正しく対応する人だけがお金持ちになれるのです。

処方箋
¥
貧乏に敏感になりましょう

38

転んで終わりの貧乏人
転んでもただでは起きないお金持ち

人は誰でも失敗します。必ず失敗します。

私たちは、人生のなかで実に多くの失敗をします。この本を手に取られている方は、その多くが人生をもっと好転させたいと思っているはずです。

「いえいえ、私の人生はいつも順調で、お金が余っているから暇つぶしでこの本を読んでみたいと思ってね……」なんて人はいないはずです。

あなたはきっと、貧乏は嫌だ、お金持ちになりたいと思ってこの本を読んでいるはずです。

お金持ちを目指して進んでいると、どうしてもその途中で、思いがけず転んで失敗することがあります。転び方によっては、ときに立ち上がれないほどの失敗になることもあります。

あるいは、自分が直接的な原因ではなくても、巻き込まれて財産のほとんどを失うような目に遭うことがあるかもしれません。

お金持ちを目指す途中で転ぶ。つまり、失敗したときにどうすればいいのか。そこに貧乏の坂を下るのか、お金持ちの坂を登るのかを分けるポイントがあります。

では、失敗したときにどう備えればいいのでしょう。

私の場合は、保証人という形でその失敗は訪れました。直接的な原因が自分にはないとはいえ、転んでしまったのは自分です。3億円の借金を処理しなければなりません。いくつかの銀行から示されたのは自己破産でした（といっても、建前上直接言えないのですね。さりげなく勧めるのです）。なぜ銀行は自己破産を勧めたのかというと、銀行にとって案件の処理がスムーズにできるからです。保証人も自己破産したら、これ以上お金がとれませんということで、銀行内の手続きがうまく進むからです。銀行は楽になるでしょうが、こちらは自己破産したら、お金持ちの道がかなり狭まります。自己破産者には、金融機関もお金を貸さないことが分かっていたからです。

ここをスムーズに脱し、次の人生の展開をうまく迎えられるように私は3つの方針を決めました。

①自己破産しない
②払える金額内で処理し、生活費として300万円の貯蓄は認めてもらう
③友達や家族、親戚からお金を借りない

この3つの方針にしたがって、粘り強く交渉しました。交渉しただけではなく、同時に次

に走り出せるように不動産投資の勉強も始めました。

結果、自己破産しなかったため、サラリーマンとしての信用が失われず、300万円の資金を活用して、不動産の投資が成功しました。しかも、身近なところからお金を借りるなどの迷惑をかけなかったので、逆にまわりの信頼を高めることができました。実は、借金の減額を交渉したいくつかの銀行からは、交渉したときの私の態度がよかったからでしょうか、今でも「なにかあったら協力しますよ」と言われるくらいのいい関係を築くことができました。何人かの銀行の担当者には、銀行内の仕組みや交渉の仕方を教えてもらえたのでとても参考になりました。

不動産投資の際の銀行との交渉では、このときの経験がずいぶん役に立ちました。いや、この経験があったから、少ない自己資金で堂々と融資の交渉ができたのだと思います。

ピンチはチャンス。ピンチを活かせなければ、私は貧乏におびえながらも、どうすることもできないサラリーマンを続けていたに違いありません。

私のまわりには、借金で失敗した人がいます。そこで立ち直れなかった人と、そこから立ち直った人を分けたのは何だったのでしょうか。立ち直った人は、家族や友達に迷惑をかけなかった、立ち直るだけの種銭（事業や投資をするお金）はキープしていた、という共通点が挙げられます。

お金で失敗したとき、周囲にお金を借りて迷惑をかけた人は、二度と立ち直れません。信用を取り戻せないのです。銀行は話し合いさえうまくいけば許してくれますが、友達や身内は返済云々というより、感情的に許してくれません。貧乏はお金がないだけですが（これもつらいですが）、貧困は、お金もないし、助けてくれる人もいない状態です（貧困は社会的問題であり、軽々しく論じることはできません。貧困は、社会的援助が必要な問題です）。

事業でも投資でも再び始めるのなら、いくらかの種銭（資産）があれば、失敗もいい経験として、すぐにお金持ちの道を歩み始めることができます。それと、サラリーマンにとって大事なことは、やけになって会社を辞めないこと。**会社員というのは大きな信用なのです。**

お金持ちを目指すなら、その途中には失敗があります。転んだときに再び立ち上がって歩き出すために、備えと覚悟があれば、安心してお金持ちへの道を歩けるのではないでしょうか。

処方箋 ￥
お金で失敗したときの備えをしておこう

39

公共を大切にしない貧乏人
公共を大切にするお金持ち

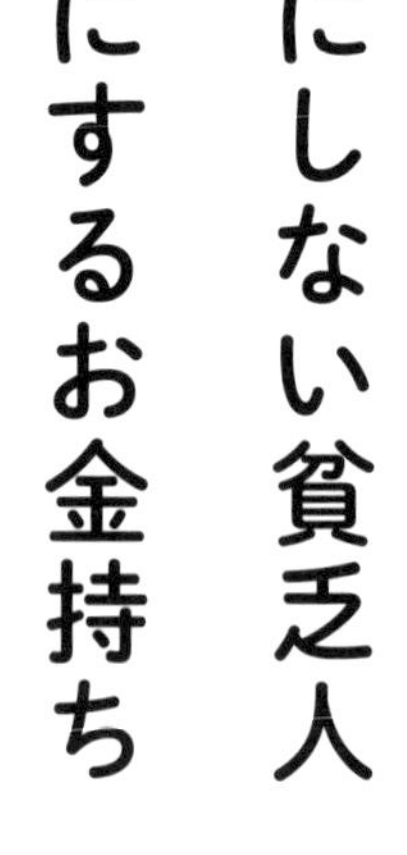

人は生活が苦しくなると、何を払いたくなくなるか知っていますか？

お酒やたばこなどの嗜好品代？　食事代？　車のガソリン代？

実は、生活が苦しくなると、電気や水道、ガスなどの公共料金や税金を後回しにしたくなるのです。それはなぜでしょう。

私の持っていたビルに入っていた会社は、公共料金の滞納の常連でした。金融機関や社員の給料を払って、あとはうるさい順番に支払っていく方式です。当然、電気や水道、ガス、そして税金は口うるさく言ってこないから後回しになります。それでも最後は電気や水道、ガスは止めるという手がありますし、税金は差押えという怖い手段があります。

とはいえ、生活を守ってあげるという思いからでしょうか、公的機関は民間業者に比べて催促が甘く感じられるようです。

貧乏の坂を転がり落ちるのを食い止める基準があります。

それは、電気、水道、ガスの公共料金や税金などの、公（社会）に対してのお金を優先することです。

公のお金が払えないのは、どこかに無理な出費があるか、ムダ遣いをしているかのどちらかです。さらに、自分にどれくらい稼ぎが必要なのかが見えてきます。どんなにがんばっても公共料金が払えないときは、貧乏ではありません。それは、貧困。自分でがんばるだけではなくて、社会の手助けが必要なときです。そうなったらまわりにお金を借りるのではなく、社会的な窓口に相談するときです。このように、公共のお金との関係から、貧乏の坂を下らない方策が見えてきます。

電気、水道、ガスは使っただけ平等に請求がくるわけだし、税金は決まったルールに従って額が決まります。日本という社会の中で暮らしているのなら、ルールの中で生きていくことは当然なのです。

普通の会社員から、お金持ちの道を歩き始めて、投資などで利益を得るようになると「税」とどのように向き合うかは大きな課題となります。タイミングや時期、何にどのくらいの税が課せられるのかを知らないと大きく損をしてしまうことも多いのです。

ほとんどの人は税金というと、まるで不当にお金をとられているような顔をしますが、それでは大きく稼げません。

私の知り合いの経営者は、税金を払うために仕事をしていると堂々と言います。もちろんこの企業は順調に業績を伸ばし、今まで一度も赤字決算をしたことがないというのが自慢です。この姿は、アメリカの大富豪が喜んで寄付をする姿にも重なります。

税を払うことを喜びにする。ここにお金持ちになるヒントがあります。

日本はアメリカのように寄付の文化が定着していません。アメリカでは寄付をすることで、社会に喜びを与えれば、それはいつか自分に返ってくる。だから働いて得たお金の10分の1は神様に返すというキリスト教の教えに基づいて寄付をするようです。もっと直接的には、寄付をするとお金持ちになるとも信じられているそうです。

日本は寄付の少ない国と言われています。でも寄付の代わりに税金や公共料金をしっかり払ってきたのが日本の高額所得者です。日本はお金持ちから多くの税金をとります。この税を通してお金を社会に還元する仕組みです。

公共料金や税金は、あなたのお金をまわして世の中をよくするお金だといえます。特に税金は「とられる」という意識になりがちですが、ここは発想の転換。寄付の考えと同じように、税は世の中を喜ばせるお金、このお金はまわって自分に返ってくると考えてはどうでしょう。税の使われ方については、別な角度からチェックしないといけないのですが、社会が喜ぶ使われ方をしていないとしたら、あなたの払ったお金のためにも大きな声をあげて、異議をとなえましょう。

それはともかく、公共料金や税を払うときは（適正金額であることを条件として）喜んで払う。どの支払いよりも優先する。そのお金は、いつか自分にも返ってくる。そう考えれば、払われるお金も喜んで、あなたのもとに返ってくることでしょう。さらに余裕がでたら、積極的に寄付をすれば、お金は喜んであなたのもとに仲間を引き連れて返ってくることでしょう。

処方箋

公共料金、税金を喜んで払えるようになりましょう

40 仕事が好きな貧乏人 お金が好きなお金持ち

日本人は、道を極めることにあこがれをもっています。

剣道、柔道、華道、などなど一つの分野に「道」をつけ、その道を歩み続け精進することをよしとしていました。そこには、道を極めることで、精神的にも成長することが求められます。

かつては、野球も野球道とよばれ、アメリカのベースボールと違う発展を遂げたと聞いたことがあります。その表れが犠牲バント。自分自身がアウトになっても、仲間を活かし塁を進める。この犠牲バントがアメリカ人にはどうにも理解しがたいようです。チームのために自分を犠牲にする日本人らしい考えが野球道を独自の発展に結びつけたのでしょう。

日本人らしい、道を極めるという考えは、会社でもよく見かけられます。私は企画の仕事に携わっていますが、カメラマンやデザイナーなど専門職の人にはその傾向が強いようです。また、取材で大学や研究所を訪れると、研究職といった開発部門に携わる方など、その道一筋といった感じの人をよく見かけます。

もちろん営業だって、服装、話し方、アポの取り方までありとあらゆるテクニックを身につけ、営業の道を極めようと精進している人も多く見かけます。「道を極める」。まさに自分の天職として、その仕事に打ち込む姿はすばらしく尊いものです。

ただ、お金の面から見ると果たして道を極めようとがんばることが、いいことばかりなのかと疑問を持つことがあるのも事実です。

先日、私を訪ねてきた50代後半のデザイナー。かつてはデザイナーとして、まさに輝くような仕事をされていたのですが、今ではすっかり仕事が少なくなり、生活も苦しい感じでした。

「どんな仕事でもいいですよ」という言葉に、かつての姿はありませんでした。

このとき、私はある経営者の話を思い出しました。

車の修理会社を始めたばかりの若いころ、会社を大きくしようと思い、当時日本一大きい大阪の修理会社に教えを乞いに訪ねたそうです。

「どうしたら、大きい修理会社にできるのか教えてください」と聞くと、その会社の社長いわく、

「あなたは車の修理が好きでしょう。修理の技術を極めるだけじゃダメです。私はお金が好きだ。どうやったら儲けられるかを考えている。そのやり方をここで働く若い人に教えて独立させているのです」。

私の知り合いの経営者は、修理が好きなだけ、修理の道を極めるだけでは会社を大きくすることはできないし、社員を幸せにすることもできないと気づいたそうです。

仕事が好きなだけではいけない。

私を訪ねてきたデザイナーも自分のデザイン力だけに頼り、いつしかそれが世間とずれてきたことに気づかなかったために、仕事が激減したのでしょう。

私個人は、その道を極めようと精進する人が好きです。このうえなくシンパシーを感じます。ただ、そのような人が年を重ね、いつしか会社内でお荷物のような存在になったり、世間のニーズとずれたために生活が苦しくなったりする例を多く見てきました。

その道を極めようとする人は、採算よりも、お金よりも、自分よりも、よりよい仕事をすることに人生をかけます。そのようなまじめな人が、お金に困る老後を迎えなければならないことはとても残念なことです。

お金がすべてではありませんが、お金があればたいていの幸せをカバーしてくれます。仕事の道を極めようとする人はこういいます。

「いい仕事に、お金がついてくる」

たしかにその通りです。でも、人は確実に年をとります。ましてや人工知能が人の仕事の大半にとってかわろうという時代です。

「仕事が好き」は大切なことです。そこにもう一つ、「お金も好き」を加えてください。

技術は古くなります。求められるものも変わります。お金というもう一つの軸で世間を見ることも大切です。どんなに声高に自分の技術の素晴らしさをアピールしても時代とずれてきたら、そこにはお金が発生しないのです。

「いい仕事をする人だ」という評価だけでは、仕事を辞めたときにお金はまわってきません。お金を意識することで、もっといい仕事につながるのです。

処方箋 ¥

「仕事が好き」に「お金が好き」を加えましょう

今から
スタートできる！
お金持ちへの
ステップ

00

お金持ちになるチャンスがやってきました

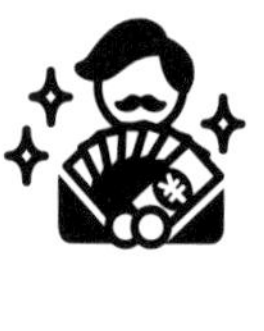

ここからは、お金持ちになるにはどうすればいいのか具体的に書き進めたいと思います。

今、この本を読んでいる人で現状に満足している人は少ないと思います。満足していないから変わりたい、環境を変えたいと思っているのではないでしょうか。

そのような人はチャンスです。お金持ちになるチャンスなのです。

会社にただ従属しているだけの人なら、会社の価値観が自分の価値観となります。その会社の価値観に従っていればそれで満足ですが、会社の価値観に違和感を覚える人には、違う角度でものが見えてくると思います。

もちろん、会社員ではなくフリーランスで働いている人は、もともと組織社会とは違う物差しで動いているから、さまざまな角度から社会を見ていると思います。この違う角度で見えてくるところにチャンスがあるのです。

お金持ちになるときに大切なこと、それは「違った角度からものを見ること」だと思います。他の人と同じような視点では、いつまでたっても人並み以上にはなれないし、今の社会で人と同じでは貧乏の坂を少しずつ下っていくことになります。

「違った角度からものが見える」ということは、状況を客観的に見る上で必要だし、流行に巻き込まれにくいということです。一方、違った角度からものを見るような人は、集団の中では浮いてしまいがちだし、ある目標に向かって動くときには邪魔な存在になりがちです。

違った角度からものを見る人は邪魔。

こういった考えは、日本の社会ではよく見られることです。みんなと同じように考えることが学校でも会社でも求められます。これまでの日本は、「みんな同じ」が強さの源でした。そして、それが企業の強さにつながり、それに所属する個人も給料が上がり、念願のマイホームを手に入れ、定年まで働けば退職金がもらえ、老後は年金と貯金で幸せに過ごす。そういった生活が実現できました。このような人生を送るためにも会社という集団の中でみんなと同じように生きなければなりませんでしたし、それが幸せだったのです。

しかし今は違います。必ずしも年齢とともに給料が上がるということはないですし、定年退職までの会社員生活は保証されていません。退職金も不確実ですし、年金だけで幸せな老後は暮らせません。これは、会社や政治が悪いのではありません。時代が変化してきたのです。

私自身は、入社当初はバリバリ遅くまで仕事をして、それなりの成果を上げてきたつもりですし、まさに会社の路線と自分が目指す方向性が同じだったことで楽しい会社生活を送っていました。しかし、調子に乗っていたところもあったのかもしれません。上司と衝突し、しまいには仕事からはずされる始末でした。しかも、私生活では兄の会社の倒産に巻き込まれ、楽しい人生は、しだいにみじめな人生に変わっていきました。

会社では出世からはずれ、頭の中をよぎるのは「早くこの会社を辞めたい」ということばかり。

でも、辞められませんでした。

なぜなら、貯金も資産も何もなかったからです。「こんな会社辞めてやる」という勇気も湧きませんでした。そして、このとき思ったのです。

人生の勇気の裏づけにはお金が必要なんだと。

結果的には、辞めなくてよかったです。不動産投資はうまくいき、儲けたお金を投資した株もうまい具合に上がりました。あのとき、勢いで辞めていたら、辞表を出した瞬間は気持ちがよかったかもしれませんが、転職しても今の会社と同じような不満を抱いたでしょうし、独立したからといって、新たな事業が成功する確率はかなり低かったでしょう。

私は考えを改めました。会社から期待されていないことをいいほうにとらえよう。

それまで、残業、残業だった生活を見直しました。ダメサラリーマンの地位を利用するためです。普通は、そんなことをしたら会社や同僚からどう思われるのだろう？　なんて考えがちですが、そこは割り切ったのです。

期待しない相手に期待しない。

あなたに期待していない会社が、あなたの一生を考えてくれるとはとても思えません。最低限、会社にいる間は給料を払うくらいです。もちろん、会社の利益に反する行為はいけませんが、やらなければいけない仕事を確実にこなせば、あとはあなたの人生をよりよくするために使っていいのです。

だからといって、さぼることを勧めているのではありません。自分が会社に期待されていないことが分かった時点で、超効率的に仕事をすることをお勧めしたいのです。

ダメサラリーマンは定時で帰れるから時間はできるし、なによりも「みんなと同じ」を求められる会社の価値観から解放されることで、世の中を別の角度から見られるようになります。

私も、会社や自分の人生を違う角度から見ることで新たな価値観と出会うことができ、会社員として勤めあげるという漠然とした考えから、会社を辞めてお金からも自由になるという目標を持つことができました。

居酒屋や喫茶店では、会社の不平不満を言っている人をよく見かけます。それでも、ブラック企業じゃない限りは辞めないほうがいい。その理由はあとで書きますが、会社を辞める前に、まずは会社を辞めても大丈夫という状態を作り出すべきだと思います。

ダメサラリーマンにとってありがたいのは、毎月決まった額の給料が入ることです。だから辞める準備が整うまでお金の面で心配する割合はかなり低い。何よりも時間がある。

だからこそ、会社がつらくて居場所がなくて悩んでいる人に大きな声で言いたい。「チャンスです。大チャンスです。人生で滅多にないチャンスが回ってきましたよ」と。

しかも、20代から40代前半でこのチャンスが来たら喜びましょう。なかには会社に尽くして尽くして、50代でリストラに遭う人もいるわけですから、それなら早いうちに期待されていないことがわかったほうが、まだましです。

この章では、どうすればお金持ちになれるのか、ステップごとにまとめました。ダメサラリーマン向けだけではありません。自営業の方やフリーター、なんだかお金がない、老後が不安という方にも、お金持ちになれるポイントを紹介します。

01

お金持ちになることを具体的に決めよう

まずは、お金持ちになることを決めましょう。

「何を今さら、そのためにこんな本を読んでいるのでしょう」なんて声が聞こえそうですが、あなたは本当にお金持ちになることを決めているのでしょうか。多くの人は、お金持ちになりたい気分がするくらいじゃないですか？

そういう人に限って、お金持ちになる手段として真っ先に思い浮かべるのは、宝くじが当たること。お金持ちになるのは運試しではありません。ある程度の段階を踏んでなるものです。

気分的にお金持ちになりたいのと、具体的にお金持ちになりたいのとでは、実はまったく違います。具体的にお金持ちを目指すとは、資産をいくら持ち、しかもいつまでに持つのかを明確にするということです。

01

お金持ちになることを具体的に決めよう

あなたは、いつまでに、いくら資産をつくりますか。

あなたは、具体的な金額が頭の中にありますか？　なかには、貯金ゼロの状態で10年後に10億円貯めたいという人がいるかもしれません。不可能ではないですが、かなりの努力が必要です。この数字は人によってバラバラでしょうが、よりわかりやすくするために、この章でのお金持ちを具体的に定義していきましょう。

たとえば60歳の段階で、換金できる資産1億円（現金・預金・家や土地など）を持っている状態をお金持ちと定義しましょう。

老後にいくら必要かは、人によってバラバラですが、一般的な会社員として60歳で定年を迎える夫婦という想定で考えてみます。

60歳からは働かず、年金をもらえる65歳までゆっくりしたいと考えます。

まだまだ食欲もあり、いろいろ遊びたいでしょうから、年間５００万円ほど必要だと考えると、５００万円×５年＝２５００万円、年金がもらえるまでに破産しそうな額ですね。残りは、あと7500万円あります。

年金をようやくもらえるようになる65歳からは、いくらいるのでしょう。夫婦2人で月30万円で生活し、85歳までどちらも生きたとします。生活費30万円のうち、20万円を年金でまかなうとすると、月10万円（30万－20万円）×12カ月×20年＝2400万円。60歳から85歳までで合計約5000万円が必要ということになります。

このほかに、介護と葬儀の準備金で1人500万円×2人＝1000万円。子や孫への援助や家の修理、車の買い替えが必要になる人もいるでしょう。そのような経費に20年で1000万円は考えておきたいもの。

最低必要額として、ここまでで、7000万円必要ということがわかります。

お金持ちというからには、旅行も行きたい。おいしいものも食べたい。2人の子どもにそれぞれ1000万円は残したい。となると、あと3000万円は少なくとも必要です。

年金以外の必要額で7000万円と余裕資金の3000万円。合わせて1億円を金融資産として持つ人を、この章ではお金持ちと定義したいと思います。

もちろん、老後いくら必要かは人によって違います。60歳から年金のもらえる65歳まで働けば、2500万円浮くことになります。つまり7500万円あればいいことになります（7500万円でもすごい金額ですが）。生活費が安い海外に移住すれば毎月の生活にかかるお金はずいぶん安くなります。反対に持ち家がない人は、家賃の固定経費がいつまでも続くので、もっとお金が必要かもしれません。

ただしこの計算、必要経費は余裕をもって計算しています。というのも、これからは確実に消費税が上がりますし、医療費の自己負担は確実に増えるでしょう。年金支給額は確実に下がります。つまり毎月必要な額は、今の年金生活者より増えることになるのは確実です。

実際に老後いくら必要なのかはそれぞれの事情にあわせて計算してもらうにしても、安心して笑える老後を迎えるためには、余裕のある資金がなければいけません。

でも、こうして具体的に「60歳までに1億円を持っている人がお金持ち」と考えると、いろいろなことが見えてきませんか？

あなたが35歳で、貯金が0円だとすると、これから毎年400万円ずつ貯めないといけません。

これって、かなり無理があります。

みなさんも計算してみてください。1億円からあなたの現在の資産を引いて、65歳になるまでの年数で割ってみる。ほとんどの人がかなりの金額になるのではないですか？　なかには、自分のもらっている給料のほとんどを貯金しないと無理だという人もいるでしょう。

そうです。貯金だけで1億円貯めるのは難しいのです。

このことに気づいただけで大きな一歩です。まじめにコツコツ貯金するだけではお金持ちになることは難しそうです。

なかには、「退職金もあるから大丈夫」なんて人もいますが、中小企業の場合、退職金制度がしっかりしているかどうかもあやふやです。会社を辞めてからはじめて退職金制度がないことに気がつく人もいますし、上司がもらっていたからといって、あなたももらえるとは限りません。退職金は、会社の経営状況で左右されるものですから、本来はあてにしてはいけないのです。

余談ですが、会社を辞めたいと思っている人は、退職するといくらもらえるのか確認してから辞めたほうがいいですよ。

60歳までに1億円と書くと、それまでにどのように資産をつくればいいのかが見えてくるのと同時に、あなたの老後も考えることになります。

それぞれが、自分や家族のことを考えて、60歳までに1億円で十分なのかどうかを考えることにもなるでしょう。

具体的にお金持ちになることを決める。ということは、自分の人生をどう生きるのか、そしてどうやって亡くなるのか、自分が死んだあとの子どもや孫の将来がどうなるのかまでも考えることです。

ここまで読んで、60歳までに1億円はさすがに無理だと考えた人も多いのではないでしょうか。あきらめてはいけません。そういう人は、80歳を過ぎても定期的にお金が入る仕組みをつくることで、1億円に不足した額を補うこともできるのです。要は死ぬまでに1億円、になってもOKなのです。

それでは、具体的な金額が見えたら、次のステップに移ってみましょう。

02 種銭をつくる

種銭という言葉を知っていますか？
「たねせん」と読みます。種銭は、投資などのもとになるお金。株などは、この種銭をもとに増やしていきます。文字通り、お金持ちの種となるお金だと思ってください。

この「種銭」は、すごく大事なお金です。雪だるまをつくったことのある人ならわかると思いますが、最初に手でギュッと握って転がしていきますよね。このギュッと握った雪のかたまりにどんどん雪がくっついていって、大きくなります。種銭は、最初の雪のかたまりみたいなもの。この種銭なしでは、お金を大きく増やすことはできません。

ところで、種銭はいくらあればいいのでしょう？

答えは、あればあるほどいい。と言いたいところですが、貯金ゼロの人が、65歳で1億円を目指すとしたら、まずは300万円の種銭をつくればいいと考えます。

300万円の種銭。

これを聞いてみなさんどう思われましたか？　簡単？　難しい？　いずれにしろお金持ちになるには、この種銭が必要です。

でもこの300万円、いつまでに貯めますか？　できれば3年。遅くても5年以内には達成したい数字です。

3年なら月々5万円　夏と冬のボーナスで毎年計40万円。
5年なら月々3万円　夏と冬のボーナスで毎年計24万円。

だんだん具体的なイメージがわいてきたのではないでしょうか。あなたは、3年で貯めますか？　それとも5年？　こういう選択のときに、「いやいや3年も待っていられない、俺なら2年で貯めてやる」という人がいます。たしかに一気に貯めて、一気にお金持ちの道を駆け上がる人がいますが、たいていの人は無理をすると長続きしません。毎日走るぞと決めて、3日坊主に終わる人。ダイエットで何度もリバウンドをする人と一緒です。

ダイエットのリバウンドと同じように怖いのが、貯金のリバウンドによる浪費。無理な貯金のせいでストレスが溜まり、かえってお金をムダ遣いするようになるのです。

この種銭をつくる期間で、あなたとお金の関係をゆっくりとよくしていきたいもの。この期間は、これから長くつきあうお金とどう向き合うのかを考える時間でもあるのです。

種銭をつくりながら、あなたのお金に対する体質を改善しましょう。

たいていの貧乏は、時間とお金をかけてゆっくりとできあがります。お金持ちになる最初のステップでは、無理をしないでゆっくりとお金を貯めていきましょう。

貧乏習慣が身についている人にお勧めしたいのが、**積立型の投資信託**です。

積立型の投資信託は、毎月とボーナス時に一定額を振り込む（引き落とされる）ものです。

積立投信のいいところは、なんといっても下ろしにくいこと。これって、いいですよね。

銀行の預金だと簡単に下ろせるし、定期預金も貯まった額に応じて引き出せたりするから、意志の弱い貧乏習慣が身についた人には、下ろしにくい積立投信はもってこいなのです。

そして、銀行預金ではかなり利率が低いですが、投資信託では3％ほどの利率が期待できます（もちろん元本を割る可能性もあります）。そして、この利子に利子がつく、「複利」という方法で増えていくのも、いい点です。

たとえば、月々5万円、夏冬のボーナスで毎年40万円を3年間で貯めて、利子がつかないときには300万円ですが、投資信託で3％の利率が見込めるとすると10万円程度の利子がつきます。

3年で約10万円は、この時代ではありがたいですね。複利の考え方は、あのアインシュタインが「人類最大の数学的発見」と呼んだくらいすごいもの。

お金持ちの坂を登るなら、複利の力も利用した積立投信で種銭をつくることが大切な最初のステップです。

03

まずは捨てる

種銭を貯める準備ができました。

「あとは種銭が貯まるまでゆっくりしとこう」

なんて思う人は、結局貯まったお金で旅行にでも行って終わりです。いつまでたってもお金持ちにはなれません。

種銭が貯まる数年間は、お金持ちになる準備期間。種銭を使って勝負する前にしっかり環境を整えましょう。

まずは捨てる。

身の回りのいろいろなものを捨てましょう、貧乏になりやすい人はとにかくごちゃごちゃしている人が多い。家は不要なものだらけ、不要なものが多いからテーブルの上にも物を置いています。とにかく要らないものを捨てましょう。

そして、いらないつきあいも捨てましょう。悪口を言うためだけの職場の飲み会、仲間はずれが嫌だからと入っているＬＩＮＥグループ。貧乏の坂を下り始めると寂しくなりますが心の寂しさを埋めるためのムダなつきあいは、貧乏の坂を転がるスピードをもっと加速させるだけです。ムダなつきあいは、お金持ちになることを決めたあなたにとっては要らない時間なのです。

ムダな出費も捨てましょう。

あなたは通信費を払いすぎてはいませんか？　行かないスポーツジムの会費を払っていませんか？　お金がない人は、「月々なら、たったこれだけのお値段」に弱い。分割払いに、リボ払い。一度あなたの出費を見直しましょう。

私もついつい買っていた１００円のコーヒー代を計算したら、月額１万円を超えていたことがありました。自分で淹れるようにしたら出費は４分の１以下になりました。種銭づくりを加速させるためにも、固定費のムダな出費を捨てましょう。

04

お金にまつわる本を読む

「お金持ちになりたいなら本を読みましょう」と言うと、「結構読んでます。推理小説とか、東野圭吾さんが好きですね」などという人がちらほらいますが、お金持ちになるのに、犯人を推理する状況はまずありません。

必要なのはお金の動きの推理だけです。

だからこそ、お金に関する本をたっぷり読みましょう。投資信託に関する本、株に関する本、不動産投資に関する本。とにかく興味のあるところからで大丈夫。どうやったら、お金持ちになれるのか。どうやったら稼げるのか。自分は、どの分野があっているのか。本当に投資をするなら何がいいのか？

本は、著者の知恵と時間が詰まっています。あなたの代わりに体験してくれたと思って、準備期間にたっぷりお金に関する本を読みましょう。

本だけではありません。セミナーに参加してもいいかもしれません。あなたのまわりにはいなくても、お金持ちになりたい人が集まるセミナーは結構あります。そういう同じ志の人とも知り合えるのがセミナーのいいところです。

ただし、販売や会員を集めることが目的で、有名講師を呼ぶセミナーも多いので注意が必要です。「お金持ちになりたい」と思う人がいると、そこをつけねらう商売も多いのです。

そこを見破り、だまされないこともお金持ちになる道なのです。

でも怖がらないでほしいと思います。お金持ちになるのは、一種の冒険、アドベンチャー。悪い人もたまに現れるから楽しいのです。

種銭が貯まるまでの準備期間の勉強は、運だけに頼らない、負けない勝負をするためにも必要です。

05

プチ起業をしてみる

本を読んだり、セミナーに行くだけでは、頭でっかちになって動きが鈍くなる人がいます。種銭が貯まるまではお金持ちになるための準備期間です。ここで、本番に備えて軽く自分で稼ぐ練習をしましょう。

サラリーマンやＯＬの方は、給料を「自分で稼いだお金」だと思っていますが、そのお金は、会社の仕組みが稼いだお金の一部の分配に過ぎません。創業者や先輩がつくった稼ぐ仕組みのなかで動いているだけなのです。お金持ちになるには、自分の知恵と時間とお金を使って勝負しなければなりません。

でも、いきなり勝負をしても負けることは目に見えています。だから、この準備期間に自分で稼ぐ練習をするのです。

「副業」と言えるようなものでもいいでしょう。ネットで自分のものや家族のものを売ってもいいでしょう。株を小さくやってもいいでしょう。とにかく給料以外で稼いでみる。うまくいけば、そこにあなたのお金持ちの道が見えてくるかもしれません。うまくいかなくても、大丈夫。次の成功のもとになる経験です。

種銭が貯まるまでに、お金の感度を磨くことが大切なのです。

とにかく、稼ぐ習慣、お金を儲ける方法について考える癖、儲かるポイントを身につけることが目的だからです。そして種銭が貯まったら、勝負です。

あなたは、何で勝負しますか？

06 勝負しましょう

さあ、種銭が貯まりました。3年かかりましたか？　5年かかりましたか？

いよいよ勝負です。

勝負と言うと、一発勝負で白黒つけるといった印象ですが、お金の世界では「一発で決める」といった姿勢はあまりよくありません。できるだけ平常心で臨んでください。

種銭が貯まるまで、あなたのお金に対する感度はどれほど研ぎ澄まされたでしょうか。まわりを見て、自分の現在の状況を見て、いよいよお金持ちへのジャンプをしてみましょう。

なかには、ジャンプしない人もいるかもしれません。コツコツ自分のペースでお金を積み上げていけば、老後に1億円あるいはそれ以上貯められる道筋が見えてきたのかもしれません。

あるいは、サイドビジネスとしてやってきたことがうまくいって、それを続けていくことを決めた人もいるかもしれません。つまり、ジャンプしなくても、お金持ちになる道を見つけたのです。それは、それで素晴らしい。というか、それが一番確実なのですよね。

多くの人はもっと短い時間でお金持ちの道を駆け上がりたいと思っています。種銭300万円をどう使うのかは人それぞれです。

何よりも種銭を活かすなら不動産投資がいいと思います。

あなたが種銭300万円を手にするまでに、不動産の勉強もしたとします。そのお金とあなたの人柄、あなたが会社員ならその地位を活かして不動産購入に動きましょう。

一口に、不動産と言ってもたくさんの種類があります。アパートにマンション、中古に新築。都会にするのか郊外にするのか。

私のお勧めは、郊外や地方都市の駅近くに新築の一棟建てのマンションを建設することです。なぜ、中古ではないのかというと、うまく探せば見つかるのですが、千に三つしかいい物件がないという意味で「せんみつ」という言葉があるくらい、中古のいい物件にあたることは難しいと言われています。しかも、この中古市場はプレーヤーが多くて、ネットに出ている情報はほとんどダメな案件。いい案件は、世間に出る前にほぼ100%買われてしまうのです。

世の中、インターネット全盛です。すべての情報は、インターネット上に明らかになっていると思いがちですが、お金になる情報は表に出ないうちに処理されるのです。

私が保証人の問題で金融機関と交渉を終えたころ、すっかり顔なじみになった銀行の担当者に、これから不動産投資もやって人生を立て直したいと話したところ、その担当者がボソッと言いました。

「いい情報は、川上でつかまえないとダメですよ」と。

金融機関の人は知っているのです。世の中にはいい情報が眠っていることを。なぜならその情報は、ほとんど金融機関から出ているからです。

どういう情報かというと、世間に話が出ては困るもので、しかも早く処理しなければならない案件です。もう少し具体的に言うと、債務保証や会社の資金繰りのために売らないといけない場合や、資産を持っている方が亡くなって、相続の関係で土地を処分しなければならない場合です。どちらも交渉して金額を上げようという気持ちより、あまり知られたくない、早く処理しないと困るという理由でとてもお得なんです。世に出ると値が確実に上がる土地やマンション、アパートが実に安く手に入るのです。

このような情報を誰よりも早く知り得るのが金融機関です。債務不履行などで、土地の売却を迫るのが金融機関ですから、ある意味では金融機関が売主と言ってもいい状況です。

その情報を、金融機関はその土地や建物を売ってくれそうな、限られたいくつかの不動産会社に投げます。早いもの勝ちですから、不動産会社は買ってくれそうな人に話を振るのです。

ここに、あなたのお金持ちになれるかどうかの勝機がやってきます。

ここまで読んで、あなたは疑問に思いませんか？　不動産会社は本当に良い案件を私に紹介してくれるのか？　と。

正直に言うと難しいです。あなたがたくさんの資産を持っているなら、癖のある案件でも大丈夫でしょうが、資産があまりないあなたはよっぽど案件が良くないと融資が下りない。だから、不動産会社にとっても、あまりいいお客ではありません。

でも「良い案件じゃないと通らない」ということは、「良い案件なら融資が通る」のです。不動産会社には、頻繁ではありませんが、少なくない数の表には出にくい案件が回ってきます。ほとんどはお得意様に回すのですが、そのお得意様も年に何回も融資を受けられるわけではありません。だから、ときには不動産会社も売り先に困ることがあるのです。

このタイミングに、あなたが出会えるかどうかが、あなたが不動産投資に成功して、お金持ちになれるかどうかの分かれ道になるのです。

「この案件ならとても条件がいいし、あの会社員でも融資が通るだろう」と思ってもらえるかどうか。これは自分の意志だけではどうしようもありません。まさに「運」なのです。

だからこそ、ふだんから「運」を貯めておいて、このときにその「運」を使うのです。

こうして、ある意味で必然とも言える不動産のビギナーズラックが起こるのです。

そして、いよいよ融資の申し込みです。

会社員という「地位」と書きましたが、金融機関の中で、会社員はかなり評価が高いことにびっくりします。あなたが思っている以上に評価されます。

不動産を購入するときに、不動産収入で生活しようと考えている人は、評価が下がります。あくまでも本業は会社員として生活が成り立っている人に、融資をするのです。私の場合も、意外だったのですが、1棟目より、2棟目のほうが、収入が安定しているにもかかわらず、審査が厳しくなったことに驚きました。1棟目はとてもいい内容だったのに、収入全体に占める割合で不動産からの収入が増えたことで、不安定性が増したと考えられたのです。

たとえ少ない収入でも、会社から毎月給料をもらっているほうが、安定していると金融機関は考えるらしいのです。それほど、会社員への評価は金融機関では高いのです。これはほとんどの会社員が知らないことです。まさか自分が1億円、2億円のお金を借りられるほど評価してもらえるなんて思ってもみないですよね。

だからこそ、会社の中では評価されないダメサラリーマンで、大した仕事も任されないから時間がある人こそ、不動産投資で人生大逆転のチャンスをねらえるのです。金融機関の人は、会社員としてしかあなたのことを見ませんから、あなたの社内評価なんて、関係ないのです。

こうして、種銭をもとに勝負をしたら、あとは一気に加速です。

07 お金に気持ちよく働いてもらう

厚さ0・1ミリの紙を何回折ったら月に届くと思いますか?

何十万回、何百万回の単位だと思いますよね。答えは、たったの42回だそうです。最初は、0・2ミリ、0・4ミリと少しずつ増えるのですが、14回折る頃には、160センチを超え、42回折ると地球から月までの距離を超える約44万キロにもなるそうです。ただし、実際には7回か8回までしか折れないそうですけど。

これって、お金持ちになる過程と似ています。最初は、1000円、2000円を貯め、徐々にその額が大きくなり、種銭をもとに投資がうまくいくと、加速してお金が入ってきます。

私の大学時代の貧乏な先輩が言った、「お金は寂しがり屋だから、お金のあるところに集まる」という状況になるのです。

07
お金に気持ちよく働いてもらう

お金が入ってくるようになったからといって、浮かれてはいけません。老後に安心して暮らせる1億円の金融資産を確保しましょう。できれば早く、もう少し欲を言えば、子孫も安心して暮らせるように、ある程度の資産も残せるようにしたいものです。

それでは、種銭から勝負の投資に成功したらどうすればいいのでしょう。

当たり前ですが、浮かれない、使わない。不動産投資で少しうまくいくと会社を辞める人がいますが、よほど大規模にならない限り会社を辞めるのはＮＧです。

不動産投資で成功した多くの人が、サラリーマンと不動産投資を兼業していることからもわかる通り、万が一に備えていけるところまで会社員の地位を守ったほうがいいでしょう。

このように、投資がビギナーズラック的にうまくいったからといって浮かれないことが大切です。

そして、使わない。収入が増えたからといって、支出も同じように増やしていたら、お金はいっこうに貯まりません。あくまでも生活スタイルを変えないことが、お金持ちの坂から転がり落ちないポイントなのです。

「卵は一つのかごに盛るな」というのは、投資の世界ではよく言われます。万が一に備えて、投資を分散させることも大切です。
もし不動産の分野で収入を得たら、そのお金を株式にまわしたり、国債を買ったり、他の分野に投資するのです。
具体例の一つに、株式と金の値段は連動しないと言われています。株の値段が上がるときは、金の値段は下がり、株が下がるときは金が値上がりするのです。だから、株で儲けたお金で金を買えば、どちらに転んでも安心という状態を築けることになるのです。

投資でお金が増えたら、あとはいかにお金に働いてもらうかを考えるだけです。基本的に株価の上がり下がりはありますが、安定した企業は資産を積み重ねていきます。ロボットやバイオなど将来が期待できる産業にお金を投資するのもいいのではないでしょうか。基本は、長い目で投資する姿勢です。かわいい子ども（お金）が、ときに挫折を味わいながらも、大きく成長するのを見守るくらいの気持ちが大切です。

不動産に関して言えば、２０２０年の東京オリンピックまでは建設費も土地の値段もプチバブルの状態が続くでしょう。バブル崩壊とは言いませんが、一気に土地や中古マンションの値段が下がる局面がくるはずです。そのときがチャンスです。今から、そのチャンスに向けて種銭を貯めれば、かなりの安値でいい土地や建物を手に入れられるはずです。今、いい案件がないからといって慌てる必要はないのです。

あなたの大切なお金に気持ちよく働いてもらうためにも、お金の持ち主であるあなたが、働きがいのある職場をみつけてあげましょう。どの会社の株？　ゴールドですか？　不動産ですか？

あなたのお金が元気よく働きだしたら、もうあなたはお金持ちになったも同然なのです。

08

運も貯めよう

種銭が貯まるまでの3年か5年で自分の身の回りの余計なものを捨てる作業はとても大切です。そのすっきりした状態になってから、種銭を使って勝負するのです。

捨てるものがある一方で、貯めなければいけないものがあります。

それが「運」です。

運の話とは「なんだか怪しくなってきたぞ」と思う方もいるかもしれません。あるいは、「待ってました」という方もいるかもしれませんね。

お金持ちになりたい人がとるアプローチには大きく分けて二つあります。

一つは実務主義。徹底してお金の動きにこだわり、数字と世の中の動向を読み、お金を増やそうとするタイプです。

もう一つのタイプは、目に見えないものや内面磨きでお金持ちになろうとするタイプ。風水にこだわって財布を変えたり、パワースポットに行ったり。家の中は、自己啓発書でいっぱいといったタイプです。

どちらが、お金持ちになりやすいか。私のまわりで風水や占いに頼りきってお金持ちになった人を見たことがありません。どちらかといえば、頼りきった瞬間から貧乏の坂を転がりだす人が多いようです。やはり自分の目で世の中の動きを読み、数字をしっかりわかって動く人が財産を確実に増やしているようです。

でも、できるなら楽してお金持ちになりたいですよね。宝くじに当たったり、買った株が大化けしたり。とにかく、奇跡に近いことが起こってほしい……。奇跡に近いものがなければ普通の会社員が短い時間でお金持ちになるのはとても難しいですから、そう思うのは仕方ないところです。

136ページでも紹介した「勝ちに不思議の勝ちあり、負けに不思議の負けなし」を私はこう解釈しています。

「貧乏になるのには必ず理由がある。金持ちになるときには、理解しがたいことが起きる」と。

実際、私が不動産投資を始めたとき、自己資金もほとんどない自分に、30年契約という破格の条件で、ある企業と直接契約ができるような話をいただきました。他にも、何百人、いや何千人という投資家が、土地を探し、少しでもいい条件の案件を探している中で、なぜ初めて取引する会社員の私に、不動産屋さんが素晴らしい条件のマンション投資を紹介してくれたのか。今でも不思議に思っています。数年経った今でも、銀行の方がこのようないい投資は見たことがないというくらいですから、よほどいい案件だったのだと、不動産会社の方に感謝しています。

そして、つい最近もまわりの相場からすると、数千万円も安い土地を紹介していただき、現在計画を進めています。

不動産だけではありません。保有する株が急激に値上がりしたことも、自分の力ではありません。まさに「不思議」と言ってもいい出来事が起こったのです。

どうして、このような不思議なことが起こったのか、私にはわかりません。

ただ、お金に苦しんでいたころに、お墓参りに行ったり、神社に行ったり、トイレの掃除がいいと聞いたらトイレ掃除をしたり、とにかく「運」が良くなると聞いたことをいろいろやっていたことが効いたのかもしれません。

具体的に何が一番よかったですか？　と聞かれたら、私は即座にこう答えます。

「ありがとう」と「ついてる」の二つの言葉を大事にしたこと。

日本は、言霊の国とも言われ、言葉には不思議な力があると言われてきました。相手に「バカ」とか「くたばれ」など悪い言葉を言うと自分に悪いことが返ってくるし、逆にいい言葉を言うと、これまた自分に返ってくるというのです。

言霊でしょうか。私は、苦しいときに「ありがとう」の言葉を言い続けました。とくに、借金を思い出しては、「ありがとう」の言葉をかけ続けました。これ、たまたま「ありがとうの言葉をかければ、病気が小さくなる」というチラシが配られていたので、もしかしたら、「ありがとう」の言葉を借金にかけたら、借金が小さくなるかもしれないと思ったからです。夜寝る前に借金に、「ありがとう」の言葉をかけ続けたのです。これがよかったのかどうか、本当に借金は小さくなっていきました。

感謝の気持ちから「ありがとう」と言うだけではなく、悪いことが起こっても「ありがとう」、腹が立つ相手にも「ありがとう」と言い続けることで、悪い流れが変わっていくから不思議です。

そして、「ついてる」という言葉。この言葉のおかげでしょうか、本当に運が良くなった気がします。いい物件も、株の値が上がったのも、この「ついてる」の言葉が運んでくれたと思っています。

さらにこの「ついてる」という言葉は、いい流れをさらに加速させてくれるような気がします。

これらの体験は、どちらも偶然かもしれません。でも、「ありがとう」と「ついてる」は不思議な勝ちを呼び込む、強力な言葉だと私は信じています。

そして、いい人間関係もいい運をもたらします。兄の会社の保証をめぐり話し合いを進めた金融機関や税務署の方々と誠実に向き合ったことが、何よりも貧乏から抜け出す「運」を私にもたらしてくれたように思えます。

やはり、人との誠実な付き合いは運を呼び込みます。

この本では、貧乏になるには理由がある、なかでも生活習慣にその原因があるのだということで、いろいろ書いてきました。でも、お金持ちになるには、「運」が味方をしないとなかなかうまくいきません。

だって、株も不動産も、正解があるなら誰も苦労しません。どんな投資のプロも見誤るときがあります。その見誤りを少なくするために勉強するのですが、それでもわからないことがあります。まさに神の領域、「運」が左右してくるのです。

お金の感覚を磨き、実際に投資を始めたとき、自分の力とは到底思えないことが起きると、一気にお金持ちへの道がひらける瞬間が訪れます。

自分の力とは思えない、不思議な力に応援してもらうために、種銭が貯まるまで、いやこれからずっとすばらしい人生を送るためにも、「運」を貯めていきましょう。非論理的ではありますが、お金持ちになるためにはとても大切なことなのです。

あとがき

貧乏体質を抜け出し、お金持ちになる40の習慣と具体的なお金持ちになるステップを紹介しました。

繰り返しますが、貧乏は生活習慣病です。日常の考え、行動があなたを貧乏にしてしまいます。

そして、貧乏は伝染病。貧乏はまわりにひろがります。

抜け出すのに大切なのは、まずは気づくこと。自覚です。この自覚、毎月決まった給料をもらっている人は気がつきにくい。うすうす感じていても、多くの人はちゃんと向き合おうとしないのです。

現在、日本では親の年金に頼る年金パラサイトや、老後破産が問題になっています。「私は大丈夫」。その根拠のない自信から、病気や介護、家族の問題であっというまに、貧困に陥ります。一度陥るとなかなか抜け出せません。

この本は、一回読んで終わりという本ではありません。自分が気になったところ、自分だけではなく家族の考えや行動で気になったところを何回もチェックしてみてください。

貧乏の坂を下りだしたと感じたときが、お金持ちに反転するチャンスです。

「大丈夫」は危険信号。

この本をきっかけに、一人でも多くの人が下り坂から上り坂に向かうことを願っています。

桜川　真一

桜川真一（さくらがわ・しんいち）

早稲田大学卒業後、企画会社勤務。企業PRが専門。比較的裕福な家庭に育ったが、20代のときに兄の会社が倒産して3億円の保証人問題に直面するなど波乱万丈の人生を送る。これらの経験から、「貧乏は生活習慣病だ」という結論に達し、そこから抜け出す方法を発見。マンション経営と株式投資に成功し、自己破産寸前の状況から、まもなく経済的自由を手に入れられるだけの資産を築きつつある。

著者エージェント／アップルシード・エージェンシー
校正／円水社

装丁・本文デザイン／藤塚尚子（ISSHIKI）

貧乏《びんぼう》は必《かなら》ず治《なお》る。

2017年3月13日　初版発行

著者　桜川真一
発行者　小林圭太
発行所　株式会社CCCメディアハウス
〒153-8541　東京都目黒区目黒1丁目24番12号
電話　03-5436-5721（販売）
03-5436-5735（編集）
http://books.cccmh.co.jp
印刷・製本　豊国印刷株式会社

ISBN978-4-484-17201-9